Basic Book for Wool felt

ステップ式!
羊毛フェルトの基礎 BOOK

maco maako

contents

Introduction
- 4 　丸からはじめましょう！
- 6 　羊毛フェルトの基本
  - 6 　●用意するもの
  - 6 　●ニードルの使い分け
  - 7 　●この本で使った羊毛フェルト
  - 8 　●羊毛フェルトの分け方
  - 8 　●刺し方の基本
  - 9 　●ニードルの使い方
  - 9 　●基本の姿勢
  - 9 　●羊毛の単位

Step 1
- 10 　ボールを作りましょう
  - 11 　ボールの作り方
  - 13 　こんなときは？
  - 14 　ボールを使った作品　A～G
  - 18 　　つくってみよう！
    　　　D ビタミンカラーの
    　　　ボトルチャーム

Step 2
- 20 　いろいろな立体を作りましょう
  - 21 　Easy　しずく
  - 22 　Easy　りんご
  - 23 　Easy　どんぐり
  - 24 　Easy　ひよこ
  - 25 　Advance　ハート
  - 26 　Advance　ドーム型のショコラ
  - 27 　Advance　円盤型のショコラ＆クッキー
  - 28 　Advance　箱型のショコラ
  - 29 　Challenge　花型のクッキー
  - 30 　Challenge　お花
  - 30 　Challenge　星
  - 31 　Challenge　おうち
  - 32 　いろいろな立体を使った作品　H～L
  - 34 　　つくってみよう！
    　　　H ハート／ショコラ／森の
    　　　チャーム

素材協力
ハマナカ株式会社
京都本社　〒616-8585　京都市右京区花園薮ノ下町2番地の3　TEL.075-463-5151（代表）
東京支店　〒103-0007　東京都中央区日本橋浜町1丁目11番10号　TEL.03-3864-5151（代表）
http://www.hamanaka.co.jp

Step 3
36　平らなパーツを作りましょう

　　37　花びらの作り方
　　38　平らなパーツを使った作品 M〜O
　　40　**Lesson 3** つくってみよう！
　　　　M 3枚の花びらのコサージュ
　　41　こんなときは？
　　42　平らなパーツは、こんな楽しみ方も！
　　　　P〜Q

Step 4
44　2つのパーツをジョイントしましょう

　　45　パーツのジョイント
　　46　ジョイントでできる作品 R
　　47　**Lesson 4** つくってみよう！
　　　　R おだんごの女の子

Step 5
50　マスコットをバランスよく作りましょう

　　51　マスコットの作品 S〜W
　　55　**Lesson 5** つくってみよう！
　　　　S リンゴ畑のうさぎ
　　59　どんな顔にする？

　　one more step
　　60　素材を変えてみましょう

　　60　フェルケットで作る
　　　　X 森のリス
　　62　スカードウールで作る
　　　　Y Z もこもこひつじ／まんまるひつじ

64　著者からのメッセージ
65　作品の作り方

この本に関するご質問は、お電話またはWEBでお願いします

書名／ステップ式！羊毛フェルトの基礎BOOK　本のコード／NV70078　担当／太田麻衣子　Tel／03-3383-0635（平日13：00〜17：00受付）
webサイト／「日本ヴォーグ社の本」　http://book.nihonvogue.co.jp/
※サイト内〈お問い合わせ〉からお入りください。（終日受付）　※webでのお問い合わせはパソコン専用となります。

★本誌に掲載の作品を、複製して販売(店頭、ネットオークション等)することは禁止されています。手づくりを楽しむためにのみご利用ください。

Introduction

丸からはじめましょう！

羊毛フェルトは、羊毛を針でチクチク刺して形作っていく手法です。
まずは、いちばん簡単な丸を作ってみましょう。

Start!

羊毛を丸めます → 頭とボディを作ります →

羊毛を丸めます → 大まかに刺します →

? 羊毛って？

羊の毛を刈りとってきれいにしたものです。その段階ごとに名前があり、使う目的や風合いが違います。この本では、繊維の方向を揃え、細長く巻いた状態の「スライバー」を使用します。

丸から
はじめ
ましょう！

いろいろな方向から刺すだけで、羊毛が丸くなっていきます。丸ができたら、次のステップへ。耳や表情をプラスしたらふわふわのうさぎに、ヘタをつけたらかわいいリンゴのできあがり。さっそく丸からはじめてみましょう。

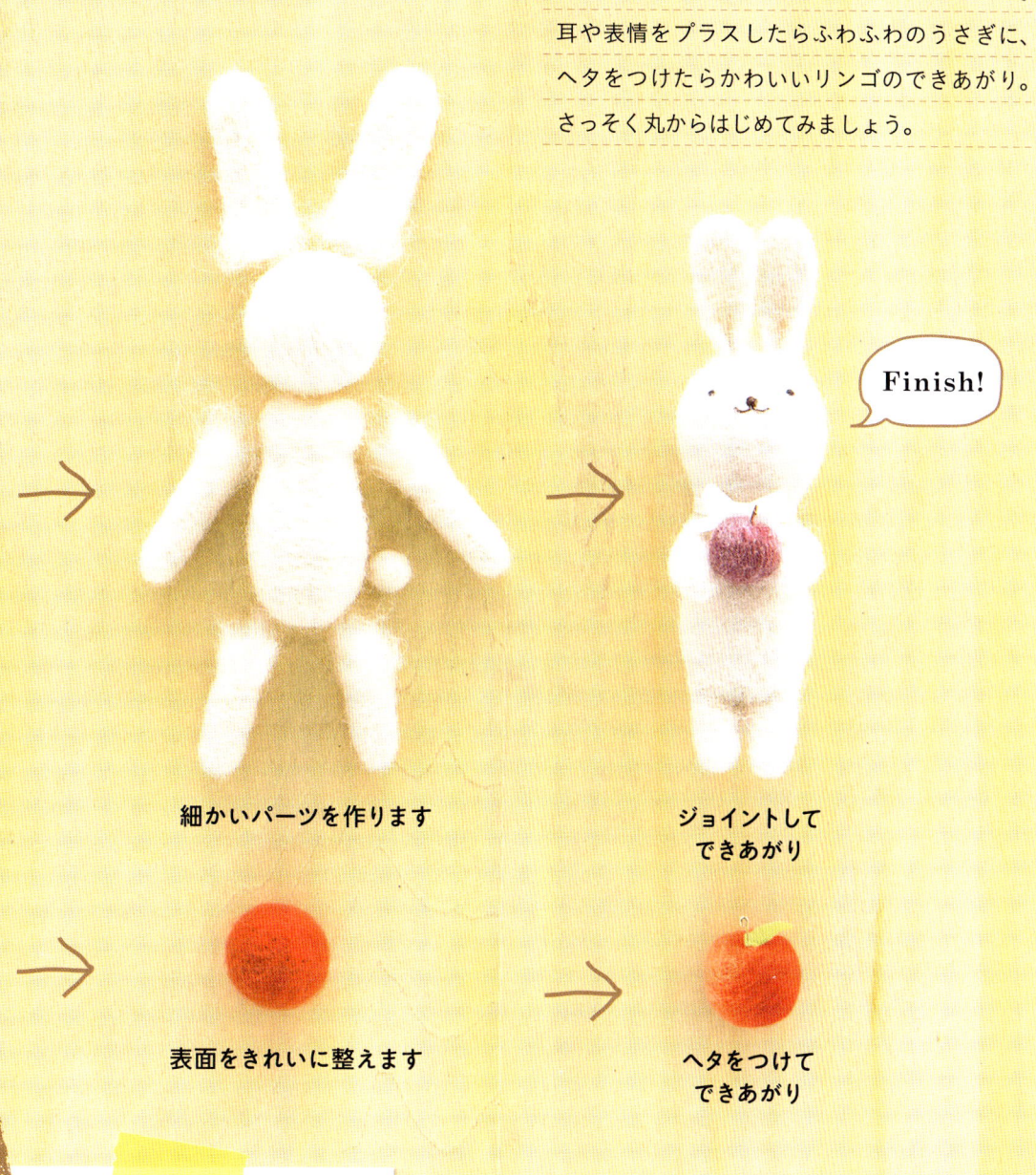

細かいパーツを作ります

ジョイントしてできあがり

Finish!

表面をきれいに整えます

ヘタをつけてできあがり

羊毛の特徴

羊毛は、繊維の表面がうろこのようなキューティクルで覆われています。羊毛フェルト専用の針で繊維を引っ掛けることにより、キューティクル同士が絡まってフェルト化します。

Basis of felt
羊毛フェルトの基本

◉ 用意するもの

羊毛フェルト

羊の毛を刈って、きれいにしたもの。繊維の方向を一定にしてあるので、作品化しやすくなっています。

フェルティング用マット

作業台として下に敷くマットです。ニードルをしっかり受けとめるので、針先の損傷を防ぎます。

マットカバー

劣化したマットに重ねて使います。カラーマットは、白い作品を刺すときに便利です。

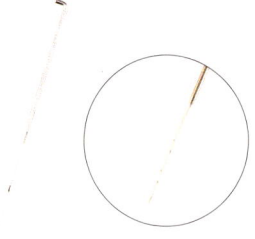

フェルティング用ニードル

針先に小さな突起のついた羊毛フェルト専用の針です。羊毛の繊維が突起に引っ掛かり、フェルト化します。

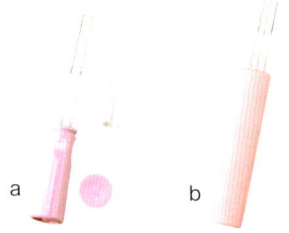

a **ニードルホルダー(極細タイプ)**
b **ハンドニードル(レギュラータイプ)**

一度に複数本で刺す並列タイプなので、作業の効率がアップします。

フェルティングニードル専用指サック

ニードルから指先を保護します。3本指タイプもあります。

◉ ニードルの使い分け

a **レギュラータイプ**

しっかりフェルト化できるので、羊毛を大まかにまとめるときに向いています。<u>刺し始め&ジョイント</u>の作業に向いています。

b **極細タイプ**

フェルト化が進んだ羊毛にも刺し入れやすく、刺しあとが小さいので表面がきれいに仕上がります。<u>中盤〜仕上げ</u>の作業に向いています。

◉この本で使った羊毛フェルト ウールキャンディ

カラフルな羊毛を少量ずつアソートしたウールキャンディという羊毛セットを使っています。
小物作りにはもちろん、作品に好きな色をプラスしたいときに最適です。

ウールキャンディ 4色セット

同系色の羊毛を
少量ずつまとめました。

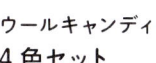
アシッドオレンジ

オーキッドピンク

ミスティーパープル

マジョリカブルー

ダークグレイッシュ

デイジーカラー

グラマラスカラー

ウールキャンディ 8色セット

いろいろな素材の羊毛を
同系色でまとめました。

ジュエルピンク

リーフグリーン

アンティークブラウン

ウールキャンディ 12色セット

カラフルな羊毛を
バランスよく
まとめました。

ペールセレクション

ウールキャンディ マテリアルセット

カラフルな羊毛を
素材ごとに
まとめました。

シート羊毛
フェルケット

もこもこ羊毛
カラースカード

羊毛フェルトの基本

◉ 羊毛フェルトの分け方

長さを分けましょう

1

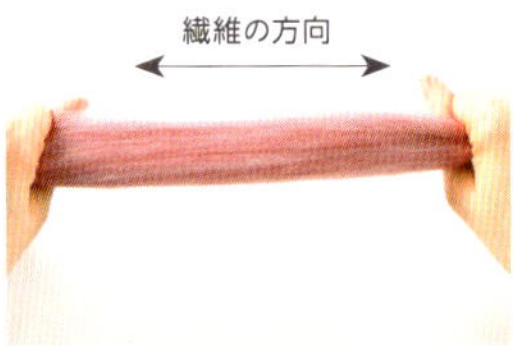

繊維の方向を横に持ち、分ける位置を中心に10cmほど離して軽く持ちます。

2

ゆっくり引くと、繊維が自然に分かれます。力を入れすぎないのがポイントです。

太さを分けましょう

1

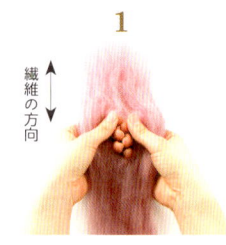

繊維の方向を縦に持ち、分ける位置に指を入れます。

2

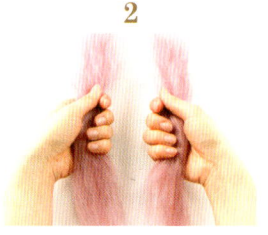

ゆっくり引くと、繊維に沿って分かれます。

少量をとりましょう

1

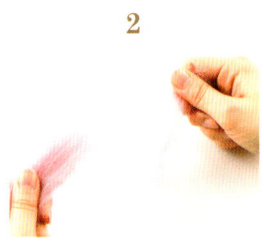

羊毛の端をつまみます。

2

ゆっくり引くと、繊維が自然に分かれます。力を入れすぎないのがポイントです。

Advice

うまく分けられないときは？

はさみで切る方法もあります。繊維が切断されてフェルト化しにくい場合があるので、必ず切り口をほぐしましょう。

◉ 刺し方の基本

1 上手に巻いて、早く仕上げましょう！

楕円形は楕円気味に、細長いものは細長く…。作りたい形を意識して巻くと、無理なくきれいに仕上がります。

2 巻き具合を調整しましょう！

巻いた形とできあがりが同じ形になるボールなどは、固く巻いて手早く仕上げます。角や凹みがある形は柔らかく巻いて、徐々に仕上げます。

3 刺すだけでなく、押さえましょう！

できあがりの形に手で押さえ、刺して固定していくと手早く仕上がります。刺すだけでなく、反対の手を上手に使うことも大切です。

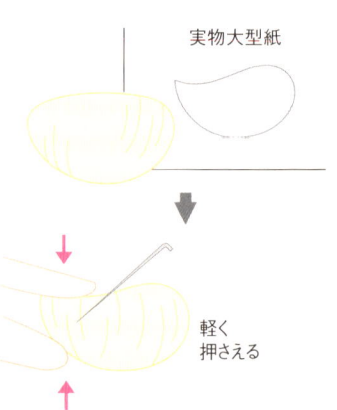

実物大型紙

軽く押さえる

● ニードルの使い方

ニードルは無理な力を加えると、先が折れる場合があります。
針先をひねらないように注意して作業しましょう。

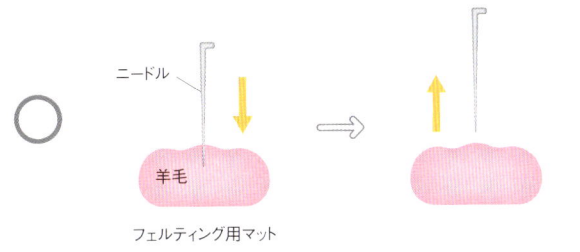

まっすぐ刺し、まっすぐ抜く

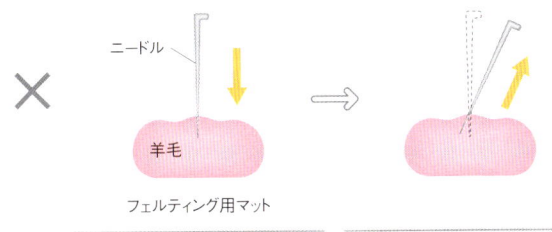

まっすぐ刺し、ななめに抜く

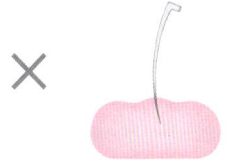

きしませる

● 基本の姿勢

手元を見ながら、ゆっくり落ち着いて刺しましょう。そうすることで、作品もきれいに仕上がります。

● 羊毛の単位

この本では羊毛の使用量の目安として、下記の羊毛の量を基本単位とします。

基本の「1ふさ」= 長さ／約25cm　太さ／約1.3cm

実物大

最初は記載の量を目安に作業することをおすすめしますが、慣れてくると「適量」の感覚がわかってきます。仕上がりが小さくなっても、あとから羊毛を巻き足して修正することもできます。

A～G

Step 1

ボールを作りましょう
Let's make a ball.

最初は、作りやすいボールからスタート。羊毛がフェルト化する様子を、指先やニードルの刺し心地で感じながら作業しましょう。ニードルで刺すときは、あせらず丁寧に。ボールは、表面ががたついたり、サイズが小さくなったりしても、一番修正しやすい形です。難しく考えず、まずは楽しみながら始めてみましょう。

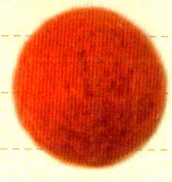

※11・12ページで使用した羊毛の色は、18ページのウールキャンディ参照

Step 1
ボールを作りましょう

ball
ボール

1

羊毛1ふさを用意し、半分に分けます。

2

1本を端から固めに巻いていきます。

One Point
固めに巻く
巻き始めとできあがりの形が近いボールなどは、なるべく固めに巻きましょう。羊毛が早く刺し固まり、しっかりとした仕上がりになります。

3
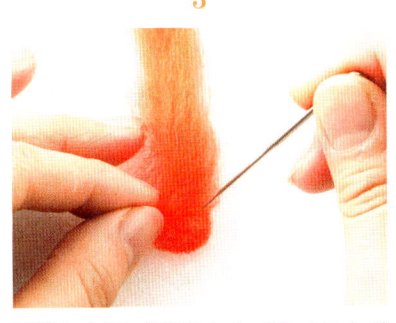
両端を内側に折り込んで、刺しとめながら巻いていきます。

One Point
丸く巻く
羊毛が横に広がったまま刺し進めると、楕円形のボールになってしまいます。広がったところは内側に折り、丸いボールをイメージして巻いていきます。

4
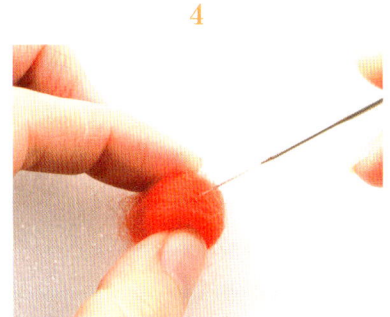
端まで巻き終えたところ。

5
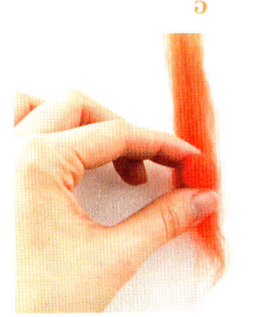
残りの1本を巻いていきます。

One Point
繊維を交差させる
最初のボールの巻き方向に対して、交差するように巻きつけると表面がきれいに仕上がります。

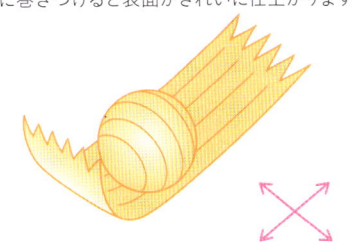

6
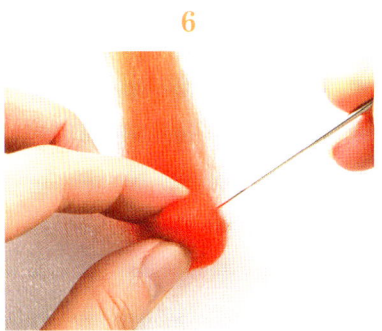
端から巻きながら、刺しとめます。

7
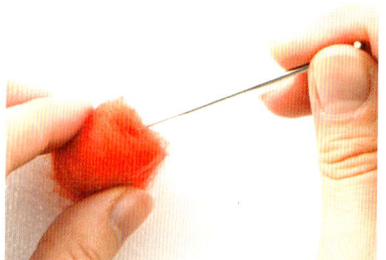
羊毛が横に広がったら、内側に折り込んで刺しとめます。

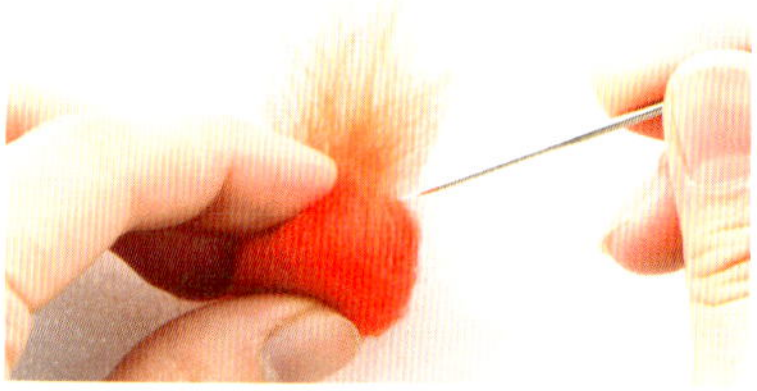

8
中心に向かって、深くまんべんなく刺します。

9

ある程度刺したら両手で転がして丸め、形を整えます。

10

型紙で大きさを確認しながら刺します。

11

8〜10をくり返し、きれいなボールに仕上げます。

> ここが大切！
> **Advice**

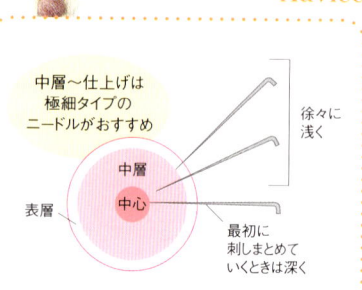

表面をきれいに仕上げるには？

完成に近づいてきたら、深く刺し入れないようにします。徐々に中層から表層に刺し入れるようにし、表面を優しく浅めに刺すと針穴が目立たず、きれいに仕上がります。ボール以外の作品にも共通する大切なポイントです。

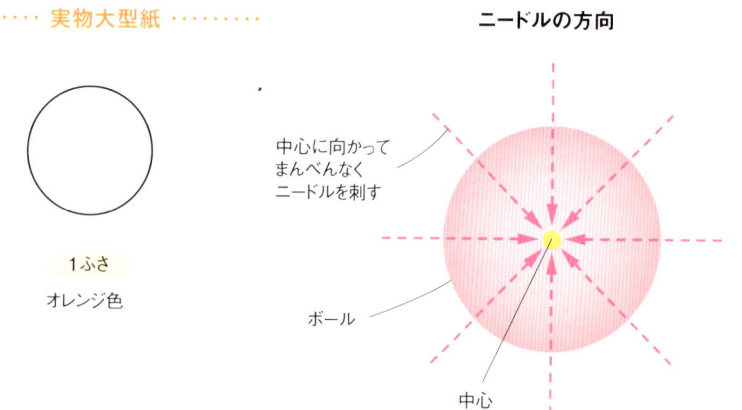

・・・・・・ 実物大型紙 ・・・・・・

1ふさ
オレンジ色

ニードルの方向

こんなときは?

Case 1
サイズが小さくなった…

上から少量の羊毛を巻き足し、ニードルで刺しながら指定サイズに仕上げます。巻き足すときは、ベースの巻き方向に対して交差する向きにします。

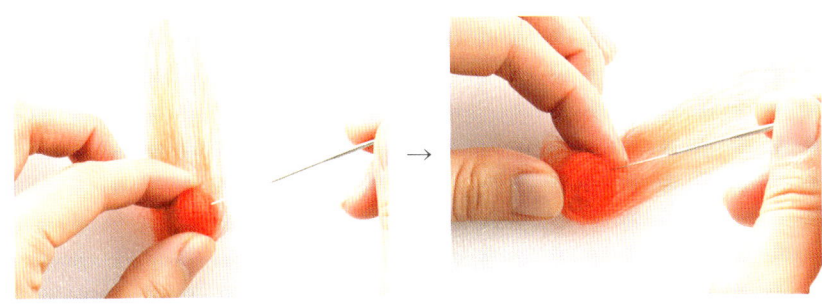

Case 2
表面に穴が開いた…

薄くのばした羊毛で全体を覆い、ニードルを深く刺し入れないように注意しながら、表面を丁寧に刺します。極細タイプのニードルがおすすめです。

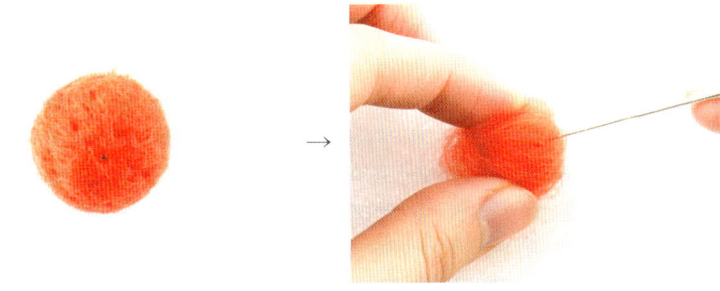

Case 3
どのくらい刺すの?

羊毛はニードルで刺す回数だけフェルト化が進み、小さく固くなっていきます。作品を作るときは、実物大型紙と照らし合わせ、できあがりをイメージしながら作業しましょう。また、アクセサリーやストラップを作るときは、固めに仕上げるのがポイントです。

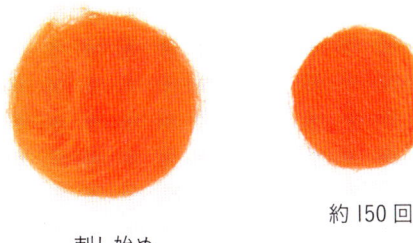 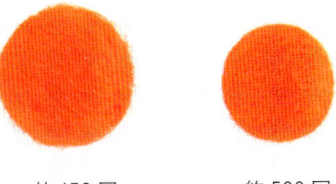

刺し始め　　約150回　　約500回

Let's make a ball
ボールを使った作品

A **3色のお花ブローチ**
broach

ボールを丸いお花に見立てたブローチです。
葉に使う布との組み合わせで、
印象がぐっと変わります。
作り方 = P.66

Step 1
ボールを作りましょう

B

うみ色のストラップ
strap

大小のボールがランダムにつながった
ストラップです。水の泡のイメージで。
作り方 = P.67

C

ミニボールのネックレス
necklace

ミニサイズのボールは、
ゆっくり根気よく刺します。
小さな実のようなかわいい仕上がりに。
作り方 = P.67

つくってみよう！
Lesson 1 (→ P.18)

D

ビタミンカラーのボトルチャーム
bottle charm

ボールに糸を通してつなぐだけ。
サイズを変えて、
カーテンのタッセルにしてもかわいい。

E

ビーズつきのネックレス＆リング
necklace & ring

ビーズをランダムに縫いつけると、
キラキラのドット模様ができます。
タッチが変わって作品のアクセントに。
作り方 = P.68

Step 1
ボールを作りましょう

F

すみれ色のブローチ
broach

フェルトとアクセサリーのパーツは好相性。
メタルチャームやボタンなどと
合わせてもおしゃれ。
作り方 = P.69

ナチュラルカラーのヘアゴム
hair accessorry

G

髪に結ぶとボールがランダムに集まって、
コロコロとしたかわいい表情に。
揺れるレースとビーズがアクセント。
作り方 = P.69

Lesson 1 つくってみよう!

D ビタミンカラーのボトルチャーム
16ページの作品

用意するもの
- ウールキャンディ
  アシッドオレンジ (H441-120-1)
- 9ピン＝2本
- 丸カン＝中2個
- 0.3cm幅のサテンリボン＝グレー 40cm
- 縫い糸
- ボンド

Point
11ページを参照してボールを作り、縫い糸でつないでサテンリボンをつけます。9個のボールが均等なサイズになるように、実物大型紙でよく確認しながら刺しましょう。縫い糸は、ボールと同系色の目立たないものにします。

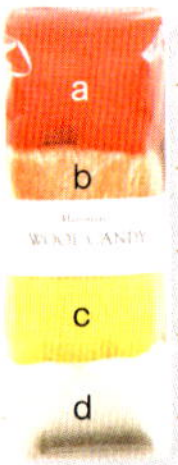

ウールキャンディ
（アシッドオレンジ）
a＝オレンジ色
b＝パールオレンジ
c＝レモン色、d＝白

1

11ページを参照し、ボールを9個作ります。端のボールに目打ちで穴を開けます。

2

9ピンを通し、先を適度な長さに切ります。

3

ボールの上下を押しながら、先をU字に曲げます。

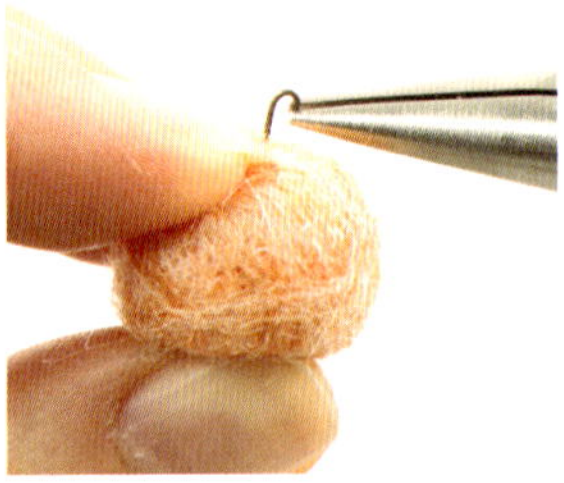

4

押していたボールを元に戻し、曲げた9ピンの先がボールに埋もれるようにします。

5

縫い糸を玉結びし、U字に曲げた側から入れます。玉結びはボールの中に引き入れます。

6

糸が出たところから針を戻します。

7

9ピンのついていないボールに糸を通します。

8

同じように通して、ボールをつなぎます。

Step 1
ボールを作品にしてみましょう

9
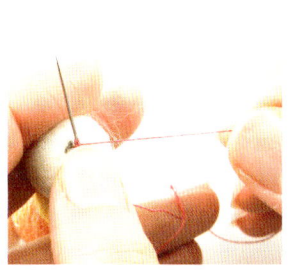
最後のボールにも 1〜4 と同じように 9 ピンをつけ、糸を通して玉結びします。

10

玉結びをしたところから針を戻し、玉結びをボールに引き入れます。

11

サテンリボン 20cm の端にボンドをつけ、1cm 折ります。

12

乾いたら、目打ちで穴を開けます。これを 2 本作ります。

13

ボールの 9 ピンとリボンの穴に丸カンを通します。もう片方の端も同じように通します。

One Point

丸カンの扱い方
丸カンは上下に開き、上下に閉じます。左右に開くと、閉じたときに隙間ができたり、きれいな円がくずれたりしてしまいます。

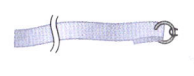   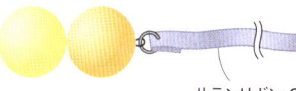

白　レモン色　パールオレンジ
50cm
サテンリボン 20cm

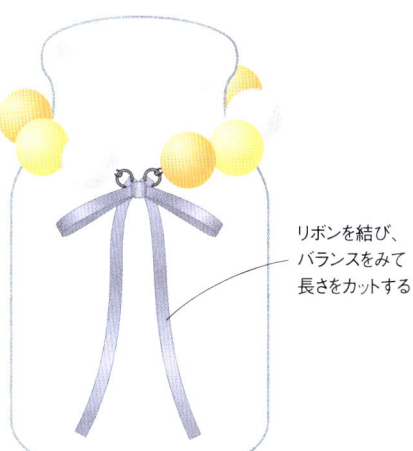

リボンを結び、バランスをみて長さをカットする

・・・・・・ 実物大型紙 ・・・・・・

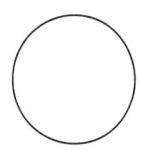

各1ふさ
パールオレンジ
レモン色　　各3個
白

H~L

Step 2

いろいろな立体を作りましょう
Let's make various shapes.

羊毛フェルトの作品作りに欠かせない、いろいろなフォルムを作るレッスンです。効率よく仕上げるためには、最初の羊毛の巻き方が大切。なるべく仕上がりに近い形に羊毛をまとめてから刺し始めると、無理にでっぱりを押さえたり、ニードルで余分に刺さなくても、イメージ通りに仕上がりやすくなります。ここまでできると、作品の幅がぐんと広がります。

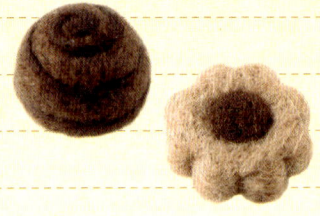

※ 21～31ページで使用した羊毛の色は、34・35ページのウールキャンディ参照

Step 2 いろいろな立体を作りましょう

drop しずく

型紙で形を確認しながら、いろいろなカーブを刺し固めていきます。
ボールのように均一なカーブではありませんが、へこんだカーブは指で押しながら刺し、盛り上がったカーブは丸みを残して刺すという、粘土遊びと似た感覚で整えます。

1

羊毛を1ふさ用意し、半分に分けます。

2

1本を平たくのばし、半分に折ります。

3
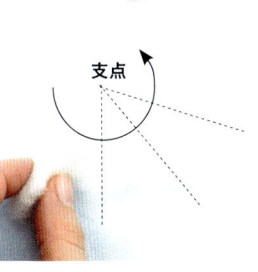
2の中央を支点にして、しずく型に巻きます。

4
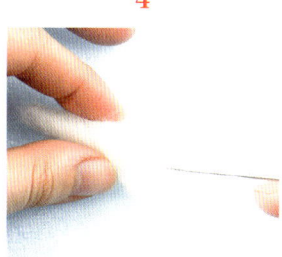
全体を刺して、大まかにまとめます。

5
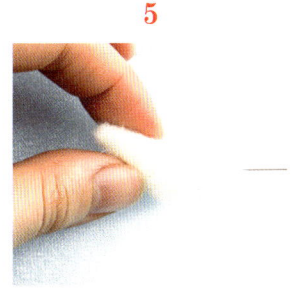
下は丸くなるようにさまざまな角度から刺していきます。

6
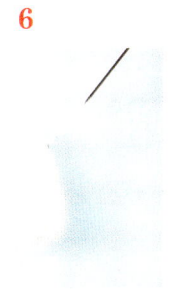
上は細くなるように斜め上から刺します。

7
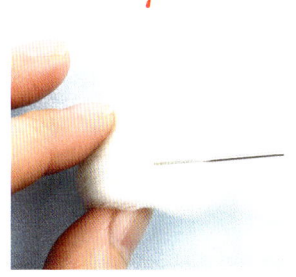
下のふくらんでいる部分に残りの1本を巻き、4〜6を参照して刺します。

8
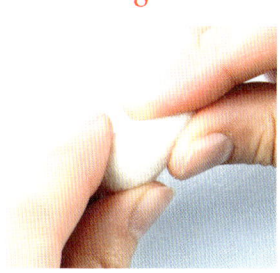
手で形を整え、型紙で大きさを確認しながら刺します。

9

できあがり。

・・・・・・・・・ 実物大型紙 ・・・・・・・・・

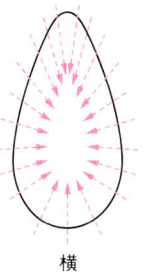
横

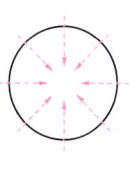
厚み

1ふさ
白

apple りんご

Easy かんたん

1

羊毛を1ふさ用意し、半分に分けます。

2
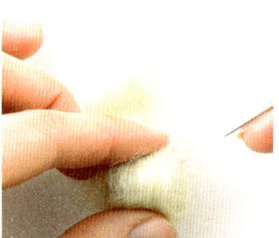
1本を端から巻いて大まかに刺し、もう1本を交差するように巻いて刺します(11ページ参照)。

3
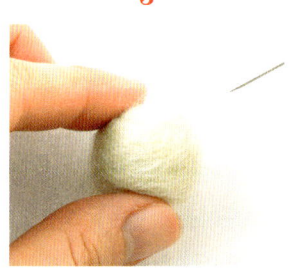
手で形を整え、型紙で大きさを確認しながら刺します。

4

上の中心を刺してくぼませ、周りの丸みも丁寧に整えます。

One Point
くぼみは深く刺し入れ、周りの丸みは浅く刺して整えます。

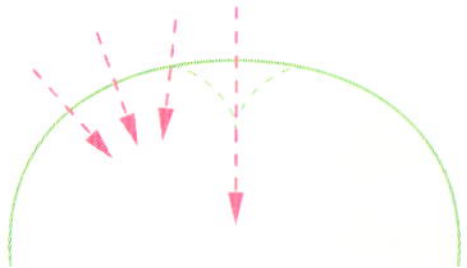

5

葉用に、少量の羊毛をまとめます。うまくまとまらないときは、少量のボンドをつけます。

6

本体のくぼみに目打ちで穴を開け、葉を刺しつけます。

7
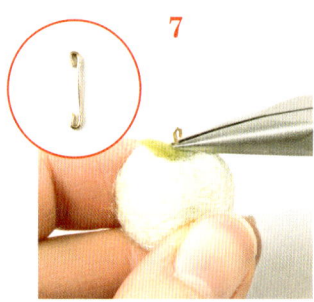
上下を曲げたワイヤーをくぼみに差し込み、茎を作ります。

8

できあがり。

・・・・・・・・ 実物大型紙 ・・・・・・・・

<ベース>
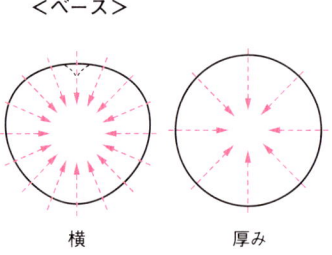
横　厚み

<デコレーション>

カラーワイヤーを曲げて差し込む
抹茶色を小さくまとめて刺す

ベース
1ふさ　パール緑

デコレーション
少量　抹茶色
・ワイヤー(ゴールド)　2cm

acorn どんぐり

Step 2 いろいろな立体を作りましょう

Easy かんたん

1

羊毛を1ふさ用意し、半分に分けます。

2

1本を楕円になるように端から巻き、大まかに刺します。

3

楕円をくずさないようにもう1本を交差させて巻き、大まかに刺します。

4

針を入れる方向を確認しながら刺していきます。

5

ときどき手で形を整え、型紙で大きさを確認しながら刺していきます。

6

ベースのできあがり。

7

かさ用に、少量の羊毛を上部に巻き、刺しつけます。

8

少量の羊毛を指先でまとめ、中央にニードルを深く入れ、ヘタを刺しつけます。

9

できあがり。

・・・・・・ 実物大型紙 ・・・・・・

<ベース> 横 厚み

<デコレーション> 茶色ミックスを少量刺す

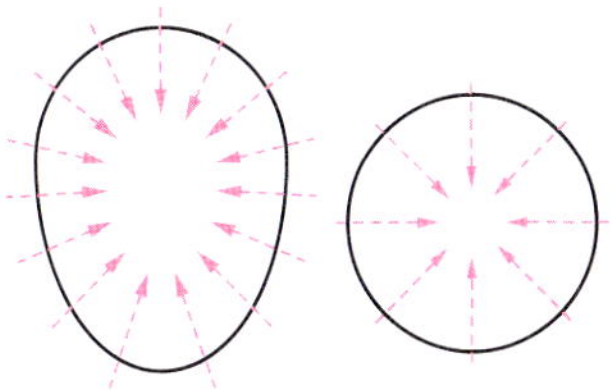

ベース　1ふさ　抹茶色

デコレーション　少量　茶色ミックス

chick
ひよこ

Easy かんたん

1

羊毛を1ふさ用意し、半分に分けます。

2

1本を端から巻いて、大まかに刺します。

3
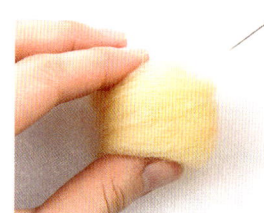
もう1本を交差するように巻き、大まかに刺します。

One Point
巻き始めとできあがりの形が大きく違う場合は、強く巻くと思った形に仕上がりにくいことがあります。ふんわり巻いて、徐々に形にしていく方がきれいに仕上がります。

4
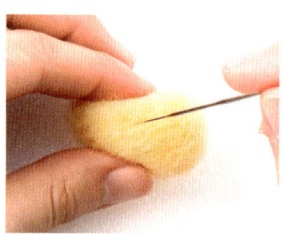
しっぽの方を細くするため、指で押しながら刺します。

5
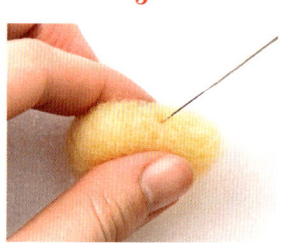
厚みも指で押しながら刺します。

6

手で形を整え、型紙で大きさを確認しながら刺します。

7

ベースのできあがり。

8
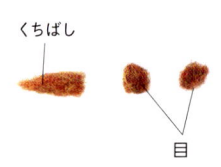
ごく少量の羊毛を指先で丸め、くちばしと目を作ります。

9

正面に目打ちで穴を開け、ニードルを深く入れて、くちばしを刺しつけます。

10

両側に目を刺しつけます。

11

ボンドをつけたレースを巻き、ビーズを縫いつけてできあがり。

········· 実物大型紙 ·········

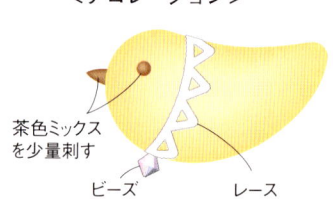

<ベース> 横 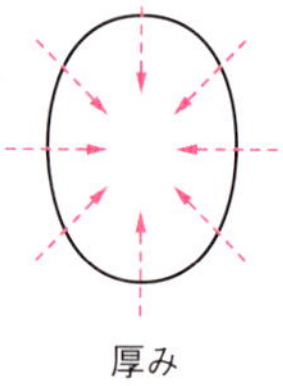 / 厚み

<デコレーション> 茶色ミックスを少量刺す / ビーズ / レース

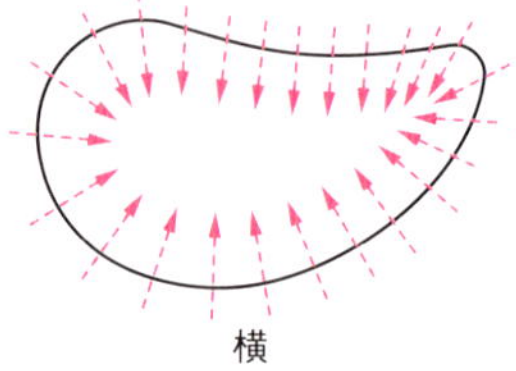

ベース
1ふさ 黄

デコレーション
少量 茶色ミックス

・スワロスキービーズ（クリア） 1個
・0.5cm幅のレース（生成り） 5cm

Step 2
いろいろな立体を作りましょう

heart
ハート

Advance かんばろう

くぼみを作ったり、平らにしたり、それぞれのフォルム特有の
テクニックが必要なパーツです。ポイントを覚えれば難しいことはありません。

1

羊毛を1ふさ用意し、半分に分けます。

2
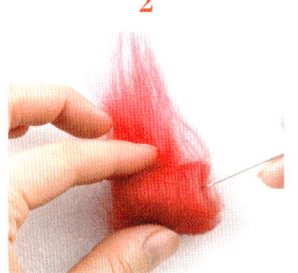
1本を端から巻き、大まかに刺します。

3

もう1本を交差するように巻き、角を残して大まかに刺します。

4

上から手で押しながら、くぼみ部分を刺してくぼませ、周りの丸みも丁寧に整えます。

5
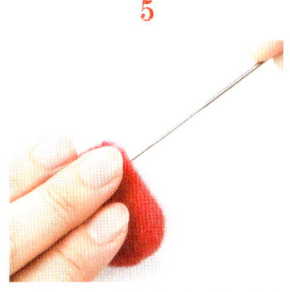
下側も手で押しながら刺します。

6

厚み部分もきれいに盛り上がるように丁寧に刺します。

7

手で形を整え、型紙で大きさを確認しながら刺します。

One Point
くぼみは深く刺し入れ、周りの丸みは浅く刺して整えます。
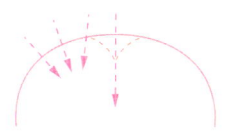

8

できあがり。

・・・・・・実物大型紙・・・・・・
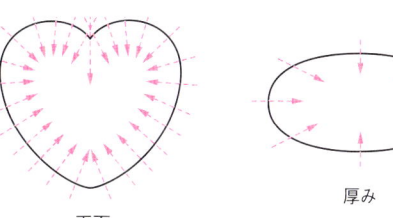
正面　　　厚み

1ふさ
赤

dome
ドーム型のショコラ

Advance がんばろう

1

羊毛1ふさを用意し、羊毛の幅が型紙の厚みより高くなるように広げておきます。

2

端から巻いて、大まかに刺します。

3

刺したところ。

4

全体を深く刺して大まかに形作ります。

5

徐々に浅く刺しながら、なめらかなドームを形作ります。

One Point
中心にばかり針先が入るとへこんでしまうので、底からも垂直に刺して整えます。
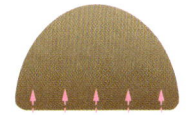

6

手で形を整え、型紙で大きさを確認しながら刺します。

7

ベースのできあがり。

8
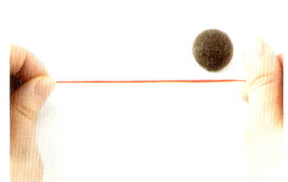
デコレーション用の羊毛をねじります（分りやすいようにオレンジ色を使っています）。

9

端をドームの中心にしっかりと刺しつけます。

10

うずまき状のラインになるように、細くねじりながら少しずつ刺しつけます。

11

できあがり。

・・・・・・・・・・・・ 実物大型紙 ・・・・・・・・・・・・

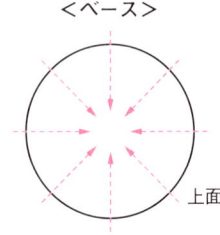
＜ベース＞ 上面

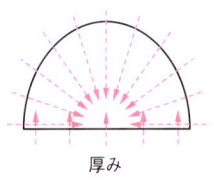
厚み

＜デコレーション＞
こげ茶をねじって刺す

ベース
1ふさ　茶色

デコレーション
少量　こげ茶

Step 2
いろいろな立体を作りましょう

disk
円盤型のショコラ&クッキー

Advance
がんばろう

1

羊毛を1ふさ用意します。

2

端から円盤型に巻いていきます。

3
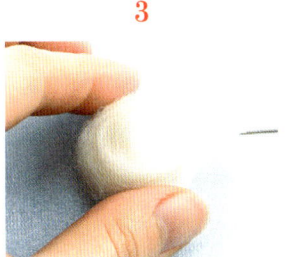
全体を大まかに刺します。

4

刺したところ。

5
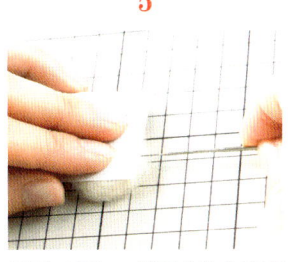
厚紙で押し、側面全体を垂直に深く刺します。下に敷くマットは固いものに変えます。

6
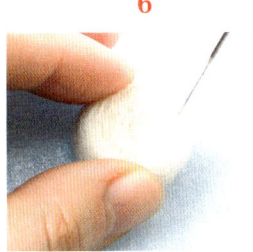
上下面からも垂直に刺し入れ、ときどき手で形を整えます。

One Point
角のきわも垂直に丁寧に刺すことで、角がきれいに仕上がります。
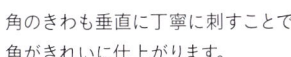
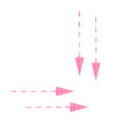

7

ベースのできあがり。

*モカショコラ

少量の羊毛を指先で丸めて刺し、真ん中を刺してくぼみを作ります。ベースにのせ、深く刺し入れて固定します。

*ココアクッキー

ごく少量の羊毛を指先で丸め、ベースの上部に刺しつけます。側面は少量の羊毛を細くねじって刺しつけます。

・・・・・・・・・・・・・・・・・・・・ 実物大型紙 ・・・・・・・・・・・・・・・・・・・・

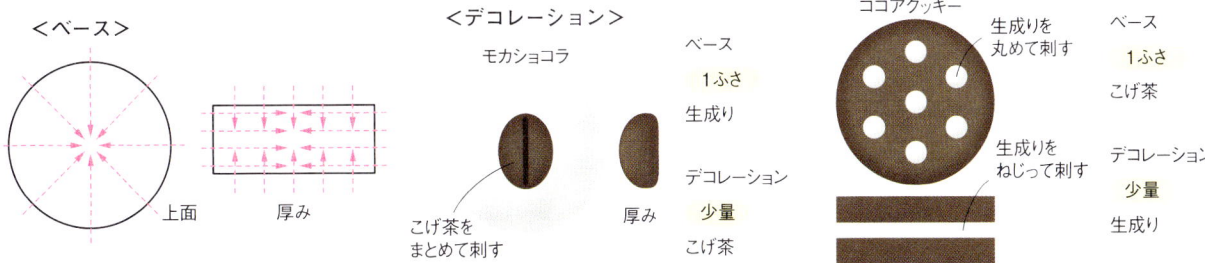

cube
箱型のショコラ

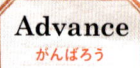

1

羊毛1/2ふさを3本用意します。

2

1本を端から巻き、それに交差するようにもう1本を巻きます。残りの1本もさらに交差させて巻き、大まかに刺します。

> **One Point**
> 巻き始めとできあがりの形が大きく違う場合は、強く巻くと思った形に仕上がりにくいことがあります。ふんわり巻いて、徐々に形にしていく方がきれいに仕上がります。

3

紙箱の角にあて、厚紙ではさみながら側面を刺します。

4

同じようにはさみ、上下面を刺します。

5
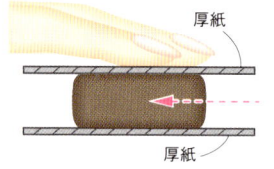
ある程度まとまったら、厚紙2枚ではさみ、角のきわを整えます。

> **One Point**
> 横から見たところ
>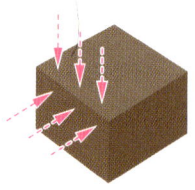
> 厚紙
> 厚紙

角のきわも垂直に丁寧に刺すことで、角がきれいに仕上がります。

6

ベースのできあがり。

7

少量の羊毛を細くねじり、角に刺しつけます。

8
ビーズ3個を縫いつけてできあがり。

・・・・・・・・・・ **実物大型紙** ・・・・・・・・・・

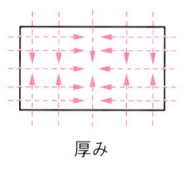
＜ベース＞ 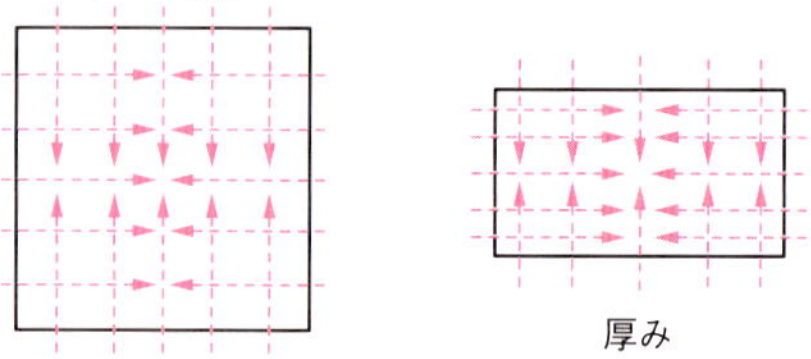
上面　厚み

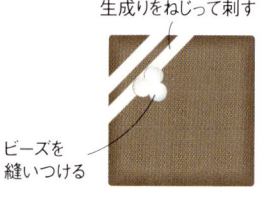
＜デコレーション＞
生成りをねじって刺す
ビーズを縫いつける

ベース
1ふさ＋1/2ふさ
こげ茶

デコレーション
少量
生成り
・丸小ビーズ（クリア）　3個

Step 2
いろいろな立体を作りましょう

cookie
花型のクッキー

くぼみや小さな丸みが多くなりますが、基本の作り方は同じです。根気よく丁寧に刺しましょう。

1
羊毛を1ふさ用意します。

2

端から円盤型に巻き、全体を大まかに刺して、型紙より少し大きな円盤型にします。

One Point
巻き始めとできあがりの形が大きく違う場合は、強く巻くと思った形に仕上がりにくいことがあります。ふんわり巻いて、徐々に形にしていく方がきれいに仕上がります。

3

上から手で押しながら、側面を深く刺してくぼみを作っていきます。まず対角線状に2ヵ所刺します。

4

同じように対角線状に刺していくと、バランスよくできます。

5
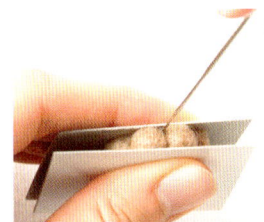
厚紙2枚ではさみ、側面のくぼみと丸みを整えます。

One Point
角のきわも垂直に丁寧に刺すことで、角がきれいに仕上がります。
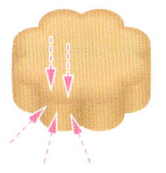

6

ベースのできあがり。

＊チョコクッキー

少量の羊毛をまとめ、ベースの中央に丸く刺しつけます。

できあがり。

＊ナッツクッキー
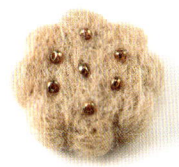
ビーズを縫いつけて、できあがり。

・・・・・・・・・・ 実物大型紙 ・・・・・・・・・・

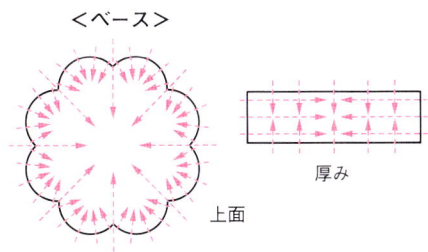
<ベース> 上面 / 厚み

<デコレーション>
チョコクッキー
茶色を丸く刺す

ベース
1ふさ
ベージュ

デコレーション
少量
茶色

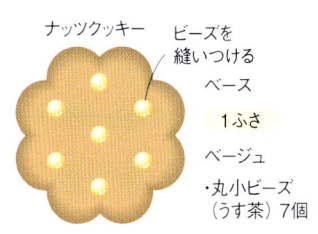
ナッツクッキー
ビーズを縫いつける
ベース
1ふさ
ベージュ
・丸小ビーズ（うす茶）7個

flower お花

1

羊毛を1ふさ用意し、半分に分けます。

2

1本を端から巻き、もう1本を交差するように巻いて大まかに刺し、型紙より少し大きめの円形にします。

3

上から手で押しながら、くぼみ部分を深く刺します。くぼみのまわりの丸みも丁寧に整えます。

One Point
巻き始めとできあがりの形が大きく違う場合は、強く巻くと思った形に仕上がりにくいことがあります。ふんわり巻いて、徐々に形にしていく方がきれいに仕上がります。

4
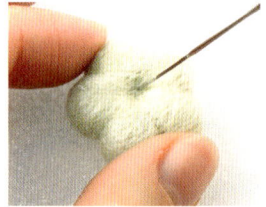
中央を刺してくぼませます。

5

くぼませたところにビーズを縫いつけます。

·········· 実物大型紙 ··········

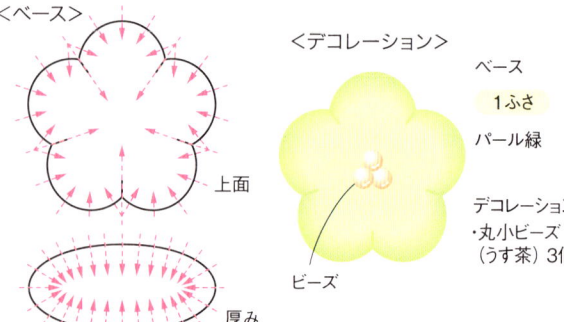

〈ベース〉 上面 / 厚み
〈デコレーション〉 ベース 1ふさ パール緑
デコレーション・丸小ビーズ（うす茶）3個
ビーズ

star 星 **Challenge! チャレンジ！**

1

羊毛を1ふさ用意します。

2

端から円盤型に巻き、全体を大まかに刺します。型紙より少し大きめの円盤形にします。

3

上から手で押しながら、側面を深く刺してくぼみを作っていきます。

One Point
巻き始めとできあがりの形が大きく違う場合は、強く巻くと思った形に仕上がりにくいことがあります。ふんわり巻いて、徐々に形にしていく方がきれいに仕上がります。

4

厚紙2枚ではさみ、側面を整えます。

One Point
角のきわも垂直に丁寧に刺すことで、角がきれいに仕上がります。

5

できあがり。

·········· 実物大型紙 ··········

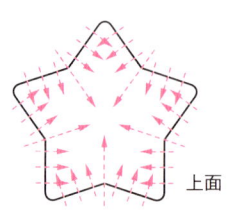

上面 / 厚み
1ふさ 濃ピンク

Step 2
いろいろな立体を作りましょう

house
おうち

 Challenge チャレンジ！

1

羊毛を1/2ふさを3本用意します。

2

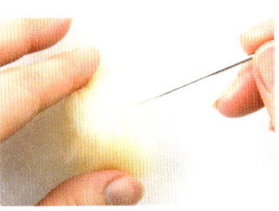

長方形をイメージして1本を巻き、交差するようにもう1本も巻いて大まかに刺します。

3

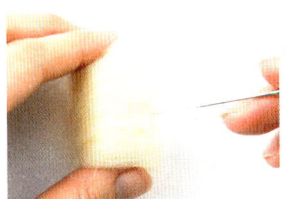

One Point
巻き始めとできあがりの形が大きく違う場合は、強く巻くと思った形に仕上がりにくいことがあります。ふんわり巻いて、徐々に形にしていく方がきれいに仕上がります。

残りの1本も交差するように巻き、大まかに刺します。

4

紙箱の角にあて、厚紙をはさんで刺します。屋根の部分は刺さず、ふわふわのまま残します。

5

屋根の部分を紙箱の角にあて、刺し固めます。

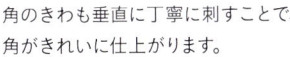

One Point
角のきわも垂直に丁寧に刺すことで、角がきれいに仕上がります。

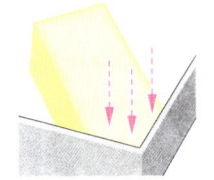

6

厚紙ではさみ、屋根の面に対して垂直に刺して整えます。

7

ベースのできあがり。

8

少量の羊毛を屋根にあて、角に刺しつけます。

9

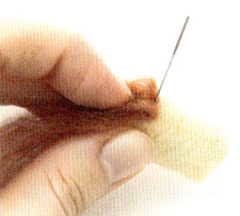

飛び出ている羊毛を屋根側に折ってラインを整えます。反対側も同じように刺します。

10

少量の羊毛を丸くまとめ、窓に刺しつけてできあがり。

・・・・・・・・・・・・・・・・ 実物大型紙 ・・・・・・・・・・・・・・・・

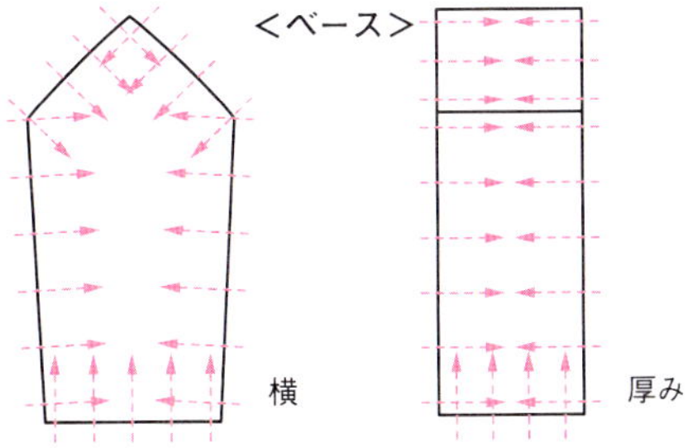

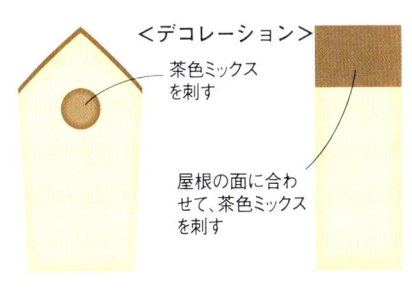

<ベース> 横　厚み

<デコレーション>
茶色ミックスを刺す
屋根の面に合わせて、茶色ミックスを刺す

ベース
1ふさ+1/2ふさ
うす黄

デコレーション
少量
茶色ミックス

Let's make various shapes.
いろいろな立体を使った作品

H
ハート／ショコラ／森のチャーム
charm

しずくやリンゴなどいろんなフォルムを集めました。簡単なものから始めると、形作りの感覚がわかってきます。

つくってみよう！
Lesson 2 (→ P.34, 35)

allange
アレンジしてみましょう

I
おうちのサシェ
sachet

おうちのように面が平らな形は、ニードルを垂直に刺し入れるのが基本。角も丁寧に刺して仕上げましょう。
作り方 = P.70

Step 2
いろいろな立体を作りましょう

J ひよこのマグネット
magnet

「森のチャーム」のひよこを少し大きめに
作ります。ボードや冷蔵庫に
コロンとしたひよこをつけて。
作り方 = P.70

K しずくのヘアゴム
hair accessory

しずく形は、ニードルを刺し入れる方向が大切。
細いところは、特に丁寧に刺しましょう。
作り方 = P.71

L ハートのサシェ
sachet

ポプリを一緒に包んで刺します。
香りが薄れてきたら、
同種のアロマオイルを少しプラスして。
作り方 = P.71

Lesson 2 つくってみよう！ Let's make it!

H ショコラのチャーム
32ページの作品

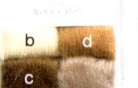

ウールキャンディ
（アンティークブラウン）

a＝こげ茶、b＝生成り、
c＝茶色、d＝キャメル

用意するもの

- ウールキャンディ
  アンティークブラウン (H441-121-3)
- 9ピン＝12本
- 丸カン＝大2個、中15個
- 円パーツ＝1個
- チェーン＝33cm
- カニカン＝1個
- 1cm幅のサテンリボン＝茶色 25cm
- 0.2cm幅のサテンリボン＝うす茶 20cm
- 丸小ビーズ＝うす茶 10個、クリア 3個
- 0.8cm幅のカットビーズ＝クリア 3個

Point

21～31ページと実物大型紙を参照して各パーツを作り、チェーンにつなぎます。複数のビーズの9ピンを輪にするときは、あらかじめ同じ長さにピンを切っておくと、均等なサイズで作ることができます。

……… 実物大型紙 ………

ボールA　1ふさ　生成り

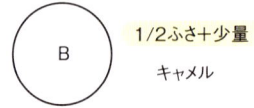
B　1/2ふさ＋少量　キャメル

C　1/2ふさ　茶色

ビーズのつなぎ方

1

9ピンの先を上下に開き、丸小ビーズを通して閉じます。

2

カットビーズを通します。

3

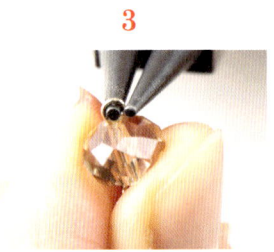

9ピンの上を切り、丸ヤットコで輪にします。

4

丸カンでチェーンにつなぎます。

Step 2
いろいろな立体を作りましょう

ハートのチャーム

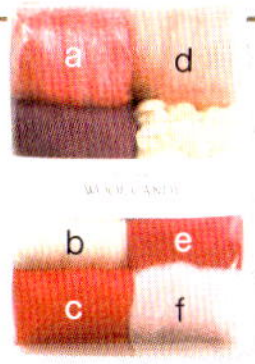

ウールキャンディ（ジュエルピンク）
a＝パール赤、b＝白、c＝赤、d＝ピンク、
e＝濃ピンク、f＝パールピンク

用意するもの

- ウールキャンディ
  ジュエルピンク（H441-121-1）
- 9ピン＝10本
- 丸カン＝大2個、中16個
- 円パーツ＝1個
- チェーン＝33cm
- カニカン＝1個
- 1cm幅のサテンリボン＝赤 25cm
- 0.3cm幅のサテンリボン＝うすピンク 20cm
- スワロフスキービーズ＝クリア 1個
- 0.8cm幅のカットビーズ＝クリア 3個
- 花型のレースモチーフ＝1個

・・・・・・実物大型紙・・・・・・

ハートA　2ふさ　濃ピンク

ハートB　1ふさ　ピンク

ハートC　1/2ふさ＋少量　パールピンク

しずく小　1/2ふさ＋少量　パール赤

ボールA　1/2ふさ＋少量　白

ボールB　1/2ふさ　赤・濃ピンク 各1個

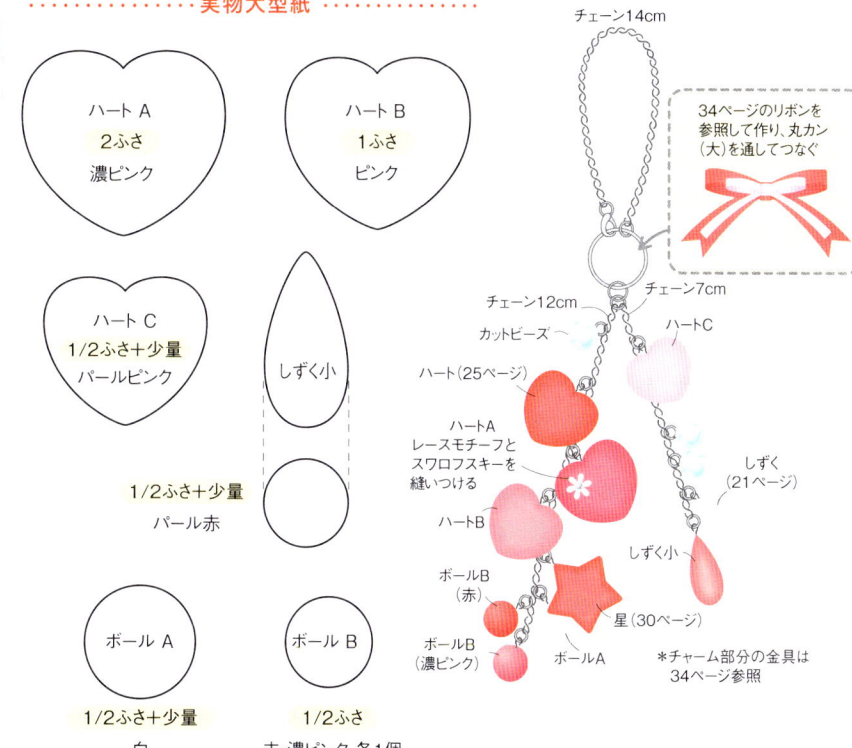

森のチャーム

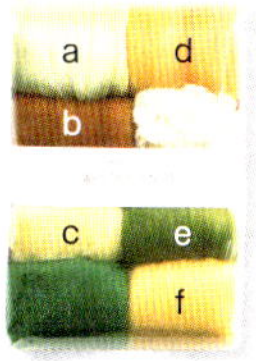

ウールキャンディ（リーフグリーン）
a＝パール緑、b＝茶色ミックス、c＝うす黄、
d＝黄ミックス、e＝抹茶色、f＝黄

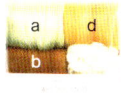

用意するもの

- ウールキャンディ
  リーフグリーン（H441-121-2）
- 9ピン＝12本
- 丸カン＝大2個、中15個
- 円パーツ＝1個
- チェーン＝33cm
- カニカン＝1個
- 1cm幅のサテンリボン＝黄緑 25cm
- 0.5cm幅のレース＝5cm
- スワロフスキービーズ＝クリア 4個
- 0.8cm幅のウッドビーズ＝3個
- 丸大ビーズ＝うす茶 3個
- 丸小ビーズ＝黄緑3個、うす茶3個
- ワイヤー＝ゴールド 2cm

・・・・・・実物大型紙・・・・・・

花小　1/2ふさ　黄

ボールA　1ふさ　抹茶色

ボールB　1/2ふさ＋少量　黄ミックス

ボールC　少量　パール緑

M~Q

Step 3

平らなパーツを作りましょう
Let's make flat parts.

アクセサリーやマスコットの細部に欠かせない、平らなパーツを作るレッスンです。縁の仕上げを安全に行う方法や、毛羽立ちやすい表面の仕上げ方について解説します。厚みがないので少しコツが必要ですが、いくつかの方法があるので、自分に合った刺し方を見つけましょう。

※37ページで使用した羊毛の色は、40ページのウールキャンディ参照

Step 3
平らなパーツを作りましょう

petal
花びら

1 型紙にマットカバーをあて、花びらを写します。

2 羊毛1/2ふさを3本用意します。

3 型紙を写したマットカバーの上に、羊毛1本を広げます。

4 3の上に、羊毛の繊維が交差するようにもう1本を広げます。残りの1本もさらに交差するように重ねます。

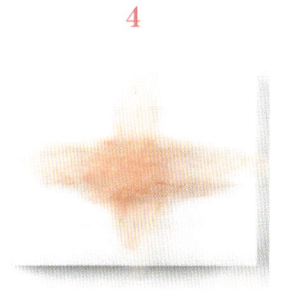

5 型紙からはみ出ている部分を内側に折り込みながら刺し、型紙どおりに輪郭を整えます。

6 全体を刺したら、端から少しずつ離して裏返します。

7 反対側もまんべんなく刺します。広い面は、並列タイプのニードルを使うと効率よくできます。

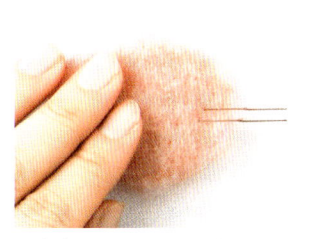

8 厚紙で押して、側面全体を垂直に刺します。下に敷くマットは固いものに変えます。

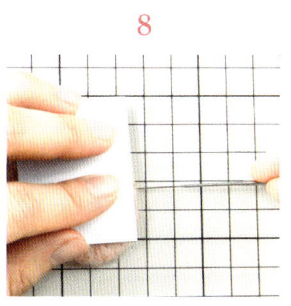

9 きわ全体も丁寧に刺します。平らなパーツは、きわを整えるときれいに仕上がります。

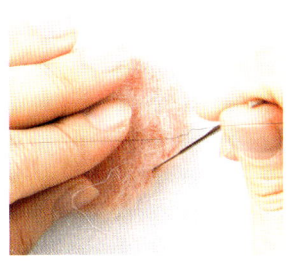

10 できあがり。

One Point
きれいに仕上げるためには、スチームアイロンが欠かせません。あて布をして中温でかけましょう。

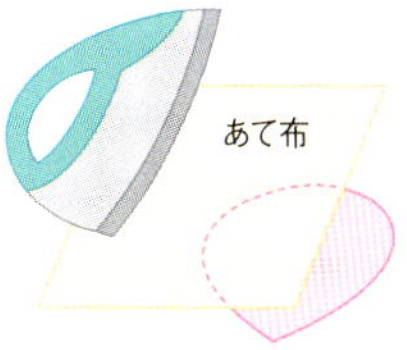

あて布

········ 実物大型紙 ········

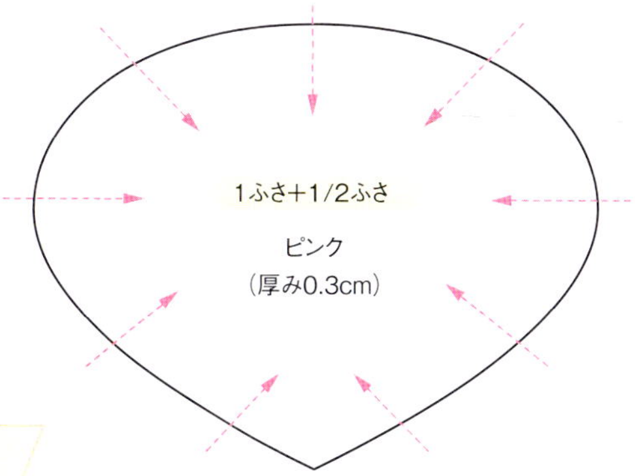

1ふさ+1/2ふさ
ピンク
（厚み0.3cm）

37

Let's make flat parts.
平らなパーツを使った作品

M

3枚の花びらのコサージュ
flower corsage

3色の花びらを組み合わせました。
色の選び方次第で、
まったく違った印象になります。
作り方 *2* =P.74

つくってみよう!
Lesson 3 (→ *1* =P.40)

Step 3
平らなパーツを作りましょう

allange
アレンジしてみましょう

N

木の実のブローチ
broach

ボールを実に見立てた小さなコサージュです。
バランスよくブーケ型にまとめて。
作り方 = P.72

O

小さなお花のネックレス＆リング
necklace & ring

小さくて平らなパーツは、
根気よく丁寧に刺すことが大切。
細かな作業はゆっくり進めましょう。
作り方 *1* =P.73 *2* =P.74

Lesson 3

Let's make it!
つくってみよう！

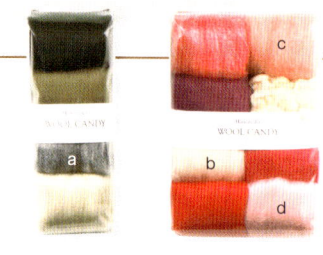

ウールキャンディ
左（ダークグレイッシュ）
右（ジュエルピンク）

a＝グレー、b＝白、c＝ピンク、d＝パールピンク

M 3枚の花びらのコサージュ
38ページの作品

用意するもの

- ウールキャンディ ダークグレイッシュ（H441-120-5）
- ウールキャンディ ジュエルピンク（H441-121-1）
- フラワーペップ＝白30本
- 紙巻きワイヤー＝22.5cm
- 1cm幅の布テープ＝適量
- 0.3cm幅のサテンリボン＝グレー・白 各40cm
- 2.5cm幅のブローチピン＝1個
- ボンド

Point

各パーツを作って花びら3枚を巻いて刺し、リボンなどの付属品をつけます。花びらは全体が均一な厚みになるように、まんべんなく丁寧に刺しましょう。マットの上であまり強く刺すと羊毛がマットに埋まってしまうので、刺し加減に気をつけてください。

1 花びら3枚（37ページ参照）と、ボール1個（11ページ参照）を作ります。

2 ペップ30本をまとめて半分に折り、根元を20cmの紙巻きワイヤーで結びます。

3 ペップの根元を包むように花びらを巻きつけて刺します。

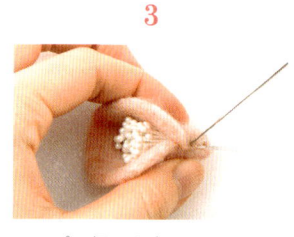

4 固定したところ。うまくまとまらない場合は、少量のボンドをつけます。

5 もう1枚の花びらを重ねて巻きつけ、刺して固定します。

6 1枚目と2枚目の花びらが重なるところもしっかり刺します。2枚目を固定したところ。

7 3枚目の花びらも重ねて巻きつけ、刺して固定します。

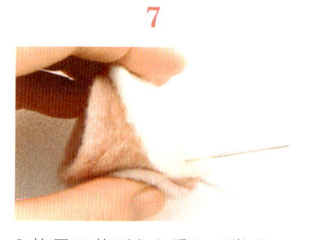

8 花の内側からも刺します。

9 花びら3枚を固定したところ。

10 ボールに目打ちで穴を開けます。

11 2.5cmの紙巻きワイヤーの先をU字に曲げ、曲げた側からボールに差し込みます。

12 ワイヤーの下側にボンドをつけ、ペップを指で広げてから中央に差し込みます。

Step 3
平らなパーツを作りましょう

13
花びらをバランスよく広げて整えます。

14
ワイヤー部分にボンドをぬった布テープを巻きつけ、好みの長さに切ります。

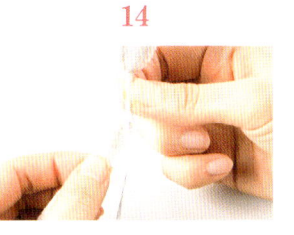

15
ブローチピンをあて、ボンドをぬった布テープを巻きつけて固定します。

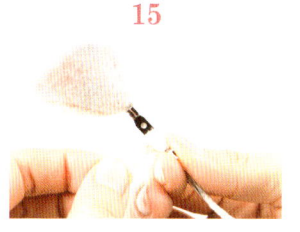

16
サテンリボン2本を結んでできあがり。

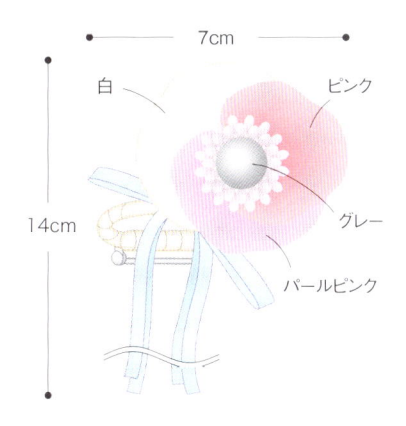

7cm
14cm

白
ピンク
グレー
パールピンク

・・・・・・・・・ 実物大型紙 ・・・・・・・・・

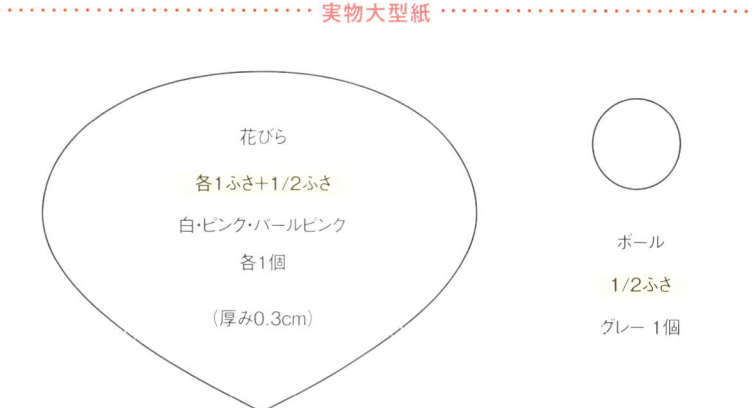

花びら
各1ふさ+1/2ふさ
白・ピンク・パールピンク
各1個
（厚み0.3cm）

ボール
1/2ふさ
グレー　1個

こんなときは？

Case 1
厚みが不揃いになった…

薄くなったところに少量の羊毛を足して刺します。さらに、ごく薄くのばした羊毛で全体を包み、まんべんなく刺して整えます。

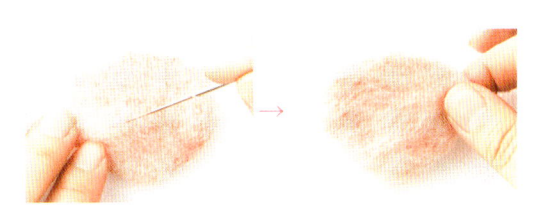

Case 2
輪郭がガタついた…

ごく薄くのばした羊毛で全体を包み、まんべんなく刺しながら、輪郭を丁寧に刺し直します。針を横向きに倒し、厚み部分もしっかり刺します。

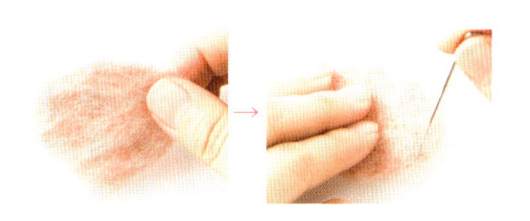

Case 3
小さなパーツの仕上げは…

指先で押さえながら、少しずつ丁寧に刺します。細かな作業なので、指を刺さないよう、特に慎重に進めましょう。

column

平らなパーツは、こんな楽しみ方も！

1. 紙の型を使う方法

厚紙で型を作り、羊毛を敷きつめて刺していきます。

輪郭を整えやすいので、初心者さんにもおすすめです。

丸や四角など、シンプルな形に向いています。

1
マットカバーに型紙を写し、厚紙をテープでとめて型を作ります。

2
マットカバーの線に合わせて置き、テープで固定します。

3
羊毛1/2ふさを3本用意し、それぞれを交差させて型に入れます。

4
まず輪郭のきわを丁寧に刺します。

One Point
先に中央を刺すと、そこだけフェルト化が進んで羊毛が中央に寄ってしまいます。きわの羊毛が少なくならないように、まずはきわから刺しましょう。

5
きわが整ったら、全体をまんべんなく刺します。

6
ある程度刺したら、端から少しずつ離して裏返します。

7
反対側もきわからまんべんなく刺します。

8
形ができたら、あて布をしてスチームアイロンをかけます。

2. クッキー型を使う方法

42ページと同じ要領で、クッキー型を使って刺し固めます。

羊毛の量を増やせば、厚みのある作品も簡単にできます。

また、リボンや刺しゅうの飾りで、アレンジも楽しめます。

動物や花など、お気に入りの型でチャレンジしてみましょう。

1

羊毛3ふさを用意し、それぞれを交差させて型に入れます。

2

きわから、まんべんなく刺します。ある程度刺したら裏返し、反対側も刺します。

One Point

厚みがあるものを刺すと、側面に羊毛の層が残る場合があります。その場合は、ある程度刺し固めたら最後に薄い羊毛で包み、もう一度型に戻して表面を整えます。

variation!
うさぎ型を使うと、こんな仕上がりに！

R

Step 4

2つのパーツをジョイントしましょう
Let's combine two parts.

頭とボディを作り、2パーツをジョイント(接続)してマスコットを作ります。ジョイント部分は接続しやすいように、刺さずにふわふわのまま残すのがポイントです。境目はきれいになじませ、なめらかなラインにしましょう。

※45ページで使用した羊毛の色は、47ページのウールキャンディ参照

Step 4
2つのパーツをジョイントしましょう

joint パーツのジョイント

1
頭用に1+1/2ふさ、ボディ用に3ふさ用意します。

2
ボディを作ります。羊毛1本を広げ、端から巻いて刺します。

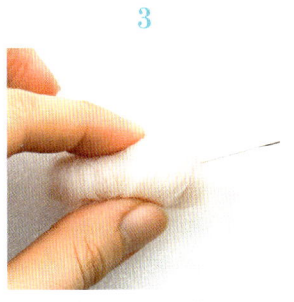

3
型紙に合わせ、下が太くなるように2、3本目を巻いて刺します。

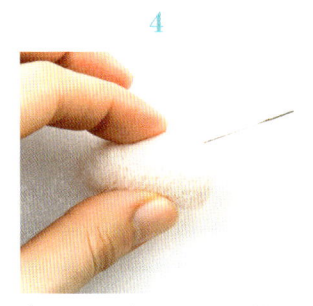

4
底面からも刺し、平らに整えます。ジョイントする部分は刺さず、ふわふわのまま残します。

5
11ページを参照して、頭を作ります。

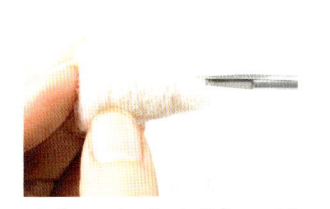

6
ボディのジョイント部分に、はさみで小さく切り込みを入れます。多いとジョイントが弱くなるので、2カ所程度にします。

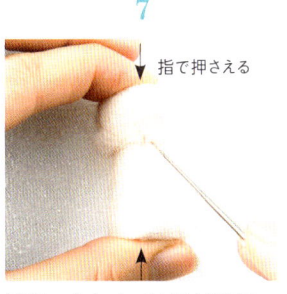

7
指で押さえる
型紙に合わせて位置を確認し、頭とボディをしっかり押さえながら深く刺します。

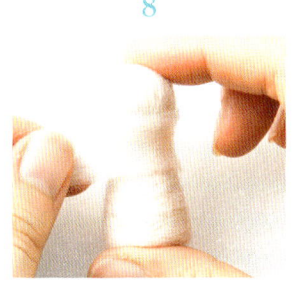

8
少量の羊毛をジョイント部分に巻きつけて刺し、なめらかなラインに整えます。

9
ベースのできあがり。

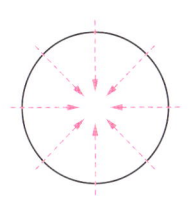

・・・・・ 実物大型紙 ・・・・・

頭
1ふさ+1/2ふさ
うすピンク

ふわふわのまま残す
ボディ
3ふさ
うすピンク

Let's combine two parts.

ジョイントでできる作品

1   2   3   4   5

R **なかよしともだち**
good friends

一カ所のジョイントでできるマスコットです。
誰かさんに似せて作っても楽しい。
作り方 *2〜5* = P.75

つくってみよう！
Lesson 4 (→ *1* = P.47)

Step 4
2つのパーツをジョイントしましょう

Lesson 4　Let's make it!　つくってみよう！

2〜5は、1の頭＋ボディをベースにして、**洋服を変える→髪型を変える**などの応用で作ることができます。

R 1　おだんごの女の子

ウールキャンディ（ペールセレクション）
a＝生成り、b＝うすピンク、c＝黄ミックス、d＝ピンクミックス、e＝茶色

用意するもの

- ウールキャンディ
  ペールセレクション（H441-122-2）
- 0.3cm幅のサテンリボン＝白 6cm
- 1.2cm幅のレース＝生成り 8cm
- 刺しゅう糸
  （こげ茶・赤…顔用、ピンク…リボン用）
- ボンド

Point
ベースに洋服と髪を刺しつけ、顔を刺しゅうします。59ページで表情の作り方を紹介しています。

洋服を刺します

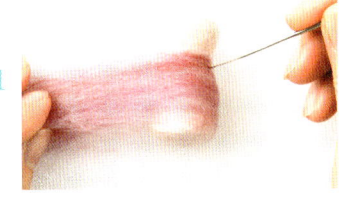

1　45ページを参照して頭とボディを作り、少量の羊毛を広げてボディに巻いて刺します。

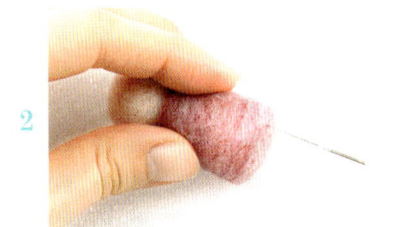

2　底面からもしっかり刺します。

髪を刺します

3　少量の羊毛を広げ、髪の分け目に沿って刺しつけます。

4　一方の髪の端を反対側に倒し、前髪のラインを作って刺します。

5　長い部分は後ろにまわし、頭の丸みに沿って刺しつけます。

6　反対側の髪も、同じように分け目から刺しつけます。

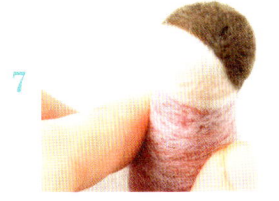

7　前髪をつけたところ。

8　少量の羊毛をまとめ、後頭部に刺しつけます。

9　洋服と髪のできあがり。

Lesson 3

目を刺しゅうします

10 こげ茶の刺しゅう糸を玉結びし、首の後ろから針を入れます。

11 目の位置から出します。

12 49ページを参照してフレンチノットステッチを刺します。

13 同じ位置から針を入れ、首の後ろから出します。

14 糸をしっかりと引き、目を固定します。

15 もう一方の目も同じように刺しゅうし、玉止めして糸を切ります。

口を刺しゅうします

16 赤の刺しゅう糸を玉結びし、同じように首の後ろから針を入れ、口の位置から出します。

17 口の位置を決めて針を入れ、糸を少したるませて首の後ろに戻します。

One Point
針を入れたまま口の角度に糸を合わせると、表情がよくイメージできます。

18 つまようじにボンドをつけて、口のカーブを固定します。

19 首の後ろに出ている糸をニードルで押し、少量の羊毛を刺しつけて、針の出入り口を隠します。

20 顔の刺しゅうができました。

Step 4
2つのパーツをジョイントしましょう

髪型を作ります

21 少量の羊毛を丸くまとめて、おだんごと髪飾りを刺しつけます。反対側も同じように作ります。

22 サテンリボンの端を丸く切り、ボンドでつけます。ボタン用に、少量の羊毛を丸くまとめて刺しつけます。

23 ボンドをつけたレースを巻き、衿元に蝶結びをした刺しゅう糸をつけてできあがり。

顔の刺しゅう

目…フレンチノットステッチ
（こげ茶 2本どり・2回巻き）

口…ストレートステッチ
（赤 1本）

2出　4出
始1・3・5終　針入れ位置
① 目を刺しゅうする

2出　3入
始1・4終
口は糸をたるませる
② 口を刺しゅうする

③ つまようじにボンドをつけて口のカーブを固定する

④ できあがり

実物大型紙

- 茶色
- 黄ミックス
- うすピンク
- 生成り
- ピンクミックス

蝶結びした刺しゅう糸をつける（ピンク 3本どり）

衿先を丸く切ったサテンリボンをボンドで貼る

レースをボンドで貼る

フレンチノットステッチ（2回巻き）

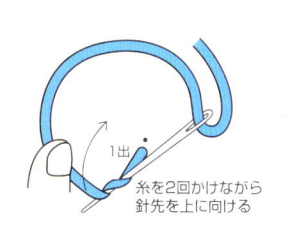

1出
糸を2回かけながら針先を上に向ける

1 目の位置から針を出し、糸を2回かける。

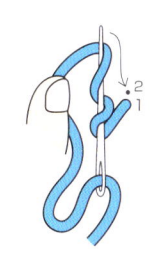

2 ゆるまないように押さえ、糸をしっかり引く。

3 同じ位置から針を入れて、できあがり。

S~Z

Step 5

マスコットをバランスよく作りましょう
Let's combine various parts.

ステップ1～4をベースに手足や耳などの各パーツを作り、バランスよくジョイント(接続)します。マスコットは、作品としてもっとも個性の出るところ。自分がかわいいな、と思える表情作りができたときは、とてもうれしいものです。ここではポーズのつけ方に加え、表情作りのコツを紹介しています。また、ミニチュア小物を合わせることで、作品にちょっとしたストーリーを持たせることができます。

Step 5
マスコットをバランスよく作りましょう

つくってみよう！
Lesson 5（→ P.55）

まっ白なうさぎはリンゴが大好き。
赤く実ったリンゴは、
おひさまみたいで幸せな気分になるからです。
今日はリボンでおめかしして、
小さな幸せを届けに来ました。

S

リンゴ畑のうさぎ
rabbit and apple

各パーツを作って、
正面ポーズでジョイントしました。
ジョイントしながらフォルムを補正し、
自然なボディラインになるように仕上げます。

こぐまの夢は、空を飛ぶこと。
仲良しのことりに飛び方を教わります。
「ほらほら、もっとバタバタさせて！」
ぐんと背中をそらせて伸び上がると、
なんだか飛べそうな気がしてきました。

T U

こぐまの飛行練習
bear & bird

少し角度をつけてジョイントするだけで、
ぐっと表情が豊かになります。
仕上がりのポーズをイメージしながら
作ることがポイントです。
作り方 T = P.76　U = P.78

Step 5
マスコットをバランスよく作りましょう

赤ちゃんぞうは、
毎日ボール遊びでごきげんです。
お気に入りのボールがなくなっちゃった？
大丈夫。ほら、後ろにころがってるよ。

V

赤ちゃんぞうのボール遊び
elephant & ball

おすわりポーズは、
底面が安定するように刺すのがポイント。
ちょこっと上を向かせて、
見上げるような表情もかわいい。
作り方 = P.79

いちばん似合う黄色いシャツを着て、
おめかししたこぶた。
森を越え、小川を越えて旅に出ます。
知らない景色や新しい出会いに、
ちょっぴりドキドキ。
でも、とってもワクワクしながら。

W

おでかけこぶた
pig

ポーズをつけることに慣れたら、
ドレスアップさせましょう。
帽子やカバンなど小物を添えると、
よりイメージが広がります。
作り方 = P.77

Step 5 マスコットをバランスよく作りましょう

Lesson 5

Let's make it! つくってみよう！

S リンゴ畑のうさぎ
51ページの作品

T〜Wは、Sをベースにして、色を変える→パーツの形を変える→傾きを変える などの応用で作ることができます。

ウールキャンディ（ペールセレクション）
a＝生成り、
b＝ピンクミックス

用意するもの

- ウールキャンディ ペールセレクション (H441-122-2)
- ニードルわたわた 生成り (H440-003-310)
- 0.3cm幅のサテンリボン＝白 20cm
- ワイヤー＝ゴールド 2cm
- 刺しゅう糸（こげ茶、うす茶）
- ボンド

Point
各パーツを作ってジョイントし、顔を刺しゅうします。バランスを見て羊毛を巻き足し、全体のフォルムをなめらかに仕上げましょう。59ページで表情の作り方を紹介しています。

準備
ニードルわたわたを用意します

ニードルわたわたは、羊毛をフェルト化しやすいようにわた状に加工したもので、軽く刺すだけで簡単にまとまります。主に作品の芯として使い、上から羊毛を巻いて刺します。均一な厚みになるよう、軽く広げてから作業しましょう。

袋から出して広げ、はさみで切っていきます。

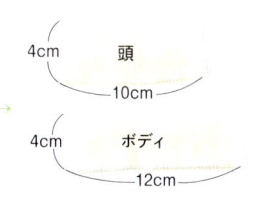

頭とボディの芯の大きさに切ります。

頭 4cm × 10cm
ボディ 4cm × 12cm

頭の芯を作ります

1 頭用のニードルわたわたを半分に折ります。

2 端から巻きます。

3 全体を大まかに刺します。

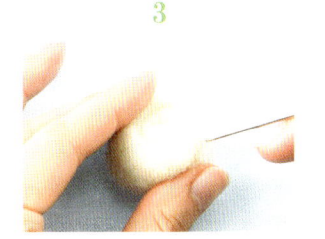

4 手で押して形を整えながら、ボール形になるように刺します。

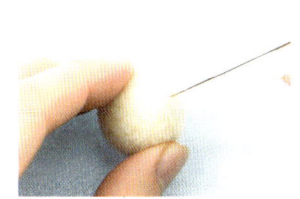

ボディの芯を作ります

5 ボディ用のニードルわたわたを半分に折ります。

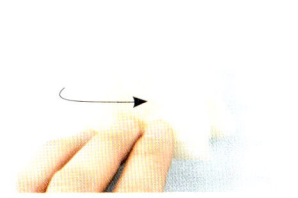

6 下側が太くなるように、端から巻きます。

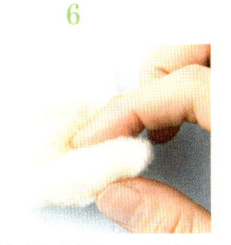

7 全体を大まかに刺します。

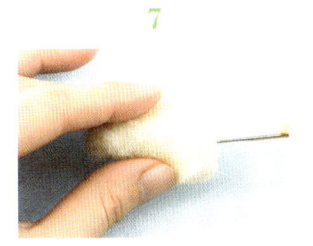

8 手で押して形を整えながら、下側が丸くなるように刺します。

Lesson 5

芯に羊毛を巻きます

9 頭とボディの芯ができたところ。

10 頭の芯に少量の羊毛を巻いて刺します。芯が見えなくなるまで、羊毛を交差するように巻いて刺します。

11 ボディの芯に少量の羊毛を巻いて刺します。首のジョイント部分は刺さず、ふわふわのまま残します。

12 芯に羊毛を巻いたところ。

腕・足・耳・しっぽを作ります

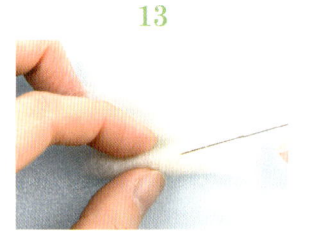

13 腕と足は、少量の羊毛を端から巻いて刺します。

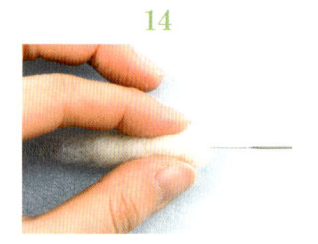

14 指で押しながら刺し、先の丸みを整えます。ジョイント部分は刺さず、ふわふわのまま残します。

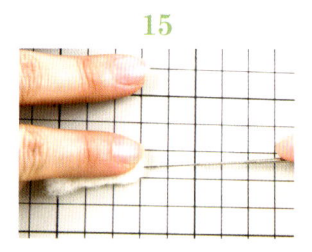

15 耳は、上から指で押しながら刺します。ジョイント部分は刺さず、ふわふわのまま残します。

16 しっぽは、少量の羊毛を丸くまとめて刺します。

小さなパーツを型で作る方法

腕や足は 42 ページと同様に、厚紙の型で作ることができます。型の中で大まかな形に仕上げ、型から出して整えます。

1 型紙に合わせて、厚紙で四角の型を作ります。少量の羊毛を巻いて型に入れます。

2 腕・足のように丸いパーツは、端はあまり刺さずに中央から刺していきます。

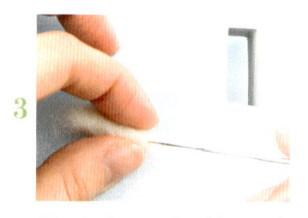

3 型から出して手で整え、先を刺して丸く整えます。2、3をくり返します。

One Point 小さなパーツはしっかり刺し固めましょう。作品の表情がつけやすくなると同時に、耐久性もよくなります。

Step 5
マスコットをバランスよく作りましょう

頭とボディをジョイントします

17 ボディのジョイント部分にはさみで小さく2カ所切り込みを入れます。

18 頭とボディを型紙に合わせて、ジョイント位置を確認します。

19 しっかり押さえながら、深く刺して固定します。

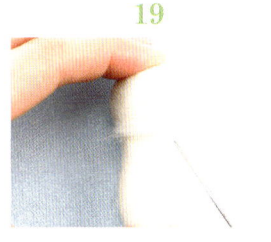

20 少量の羊毛をジョイント部分に巻きつけて刺し、なめらかなラインに整えます。

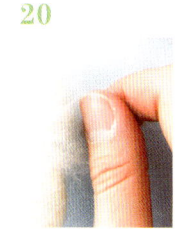

腕をジョイントします

21 ボディと腕を型紙に合わせて、ジョイント位置を確認します。

22 しっかり押さえながら、深く刺して固定します。

23 少量の羊毛をジョイント部分に巻き、補正しながら刺します。

24 補正が終わったところ。反対側も同様にジョイントします。

足をジョイントします

25 ボディと足を型紙に合わせて、ジョイント位置を確認します。

26 しっかり押さえながら、深く刺して固定します。

27 少量の羊毛をジョイント部分に巻き、補正しながら刺します。

28 補正が終わったところ。反対側も同様にジョイントします。

耳をジョイントします

29 耳の下部分を半分に折り、型紙で位置を確認してから頭に刺しつけます。

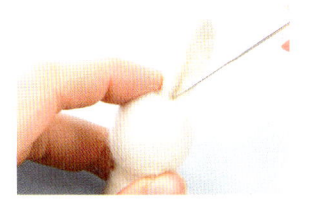

全体を補正します

30 全体のバランスを見て補正します。特におしりやおなかは丸みが出るように羊毛を足します。

> **One Point**
> 表面は極細のニードルで浅く細かく刺すと、きれいに仕上がります。

しっぽをジョイントします

31 しっぽの位置を型紙で確認し、ボディに刺しつけます。

57

Lesson 5

顔を刺しゅうします

32 こげ茶の刺しゅう糸を玉結びし、首の後ろから針を入れ、図を参照して刺しゅうします。

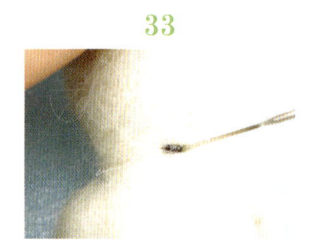

33 首の後ろにある糸をニードルで押します。

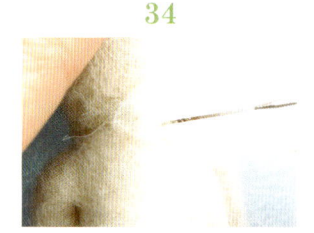

34 少量の羊毛を刺しつけ、針の出入り口を隠します。

35 下図を参照し、サテンリボンを結んでできあがり。

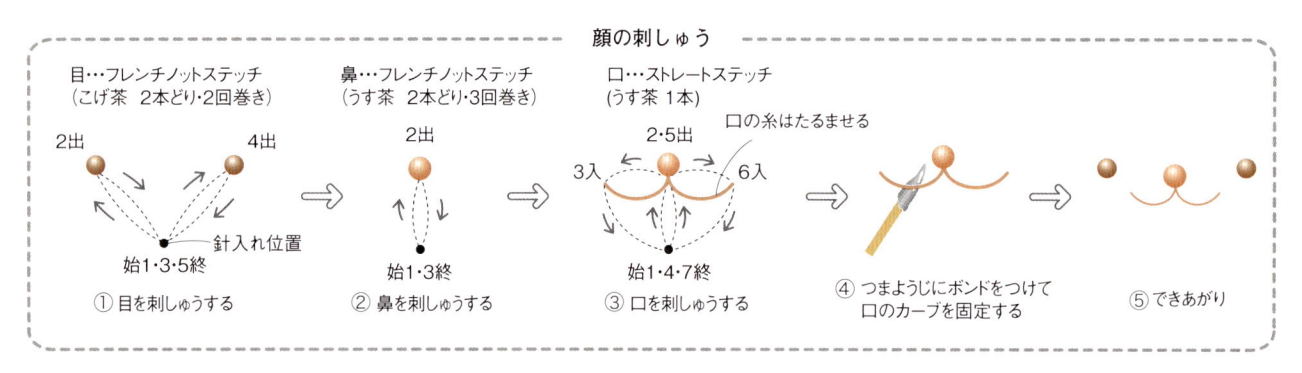

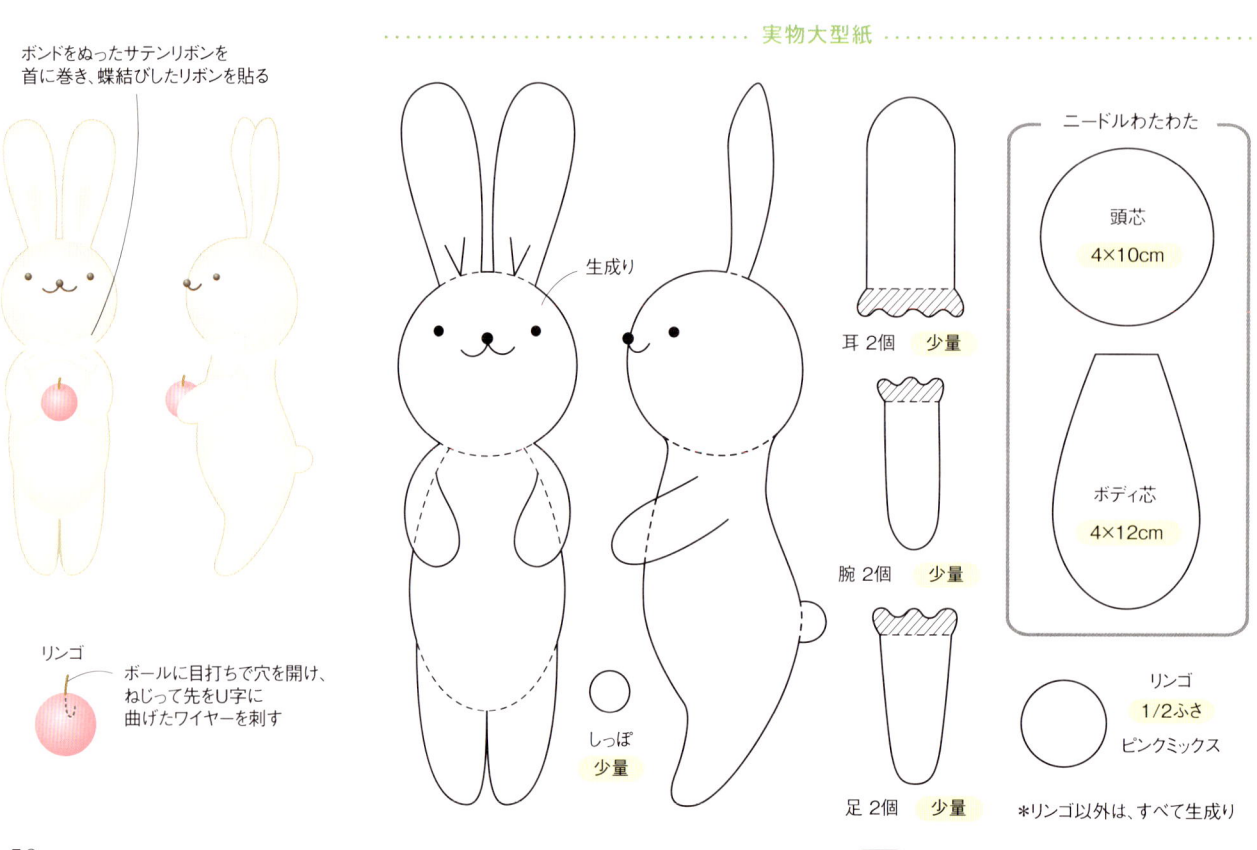

顔の刺しゅう

目…フレンチノットステッチ
（こげ茶 2本どり・2回巻き）
2出　4出
始1・3・5終
針入れ位置

① 目を刺しゅうする

鼻…フレンチノットステッチ
（うす茶 2本どり・3回巻き）
2出
始1・3終

② 鼻を刺しゅうする

口…ストレートステッチ
（うす茶 1本）
口の糸はたるませる
2・5出
3入　6入
始1・4・7終

③ 口を刺しゅうする

④ つまようじにボンドをつけて口のカーブを固定する

⑤ できあがり

ボンドをぬったサテンリボンを首に巻き、蝶結びしたリボンを貼る

リンゴ
ボールに目打ちで穴を開け、ねじって先をU字に曲げたワイヤーを刺す

実物大型紙

生成り

耳 2個　少量
腕 2個　少量
しっぽ　少量
足 2個　少量

ニードルわたわた
頭芯 4×10cm
ボディ芯 4×12cm

リンゴ
1/2ふさ
ピンクミックス

＊リンゴ以外は、すべて生成り

▨ ＝ふわふわのまま残す

column

どんな顔にする?

表情を作る

顔は、作品の雰囲気を決める大切なポイントです。簡単な点と線で作りますが、ほんの少しの位置の違いで印象ががらりと変わります。型紙を見ることも大切ですが、作りたい雰囲気をイメージしながら作業しましょう。お気に入りの表情を見つけるのも楽しい工程です。

標準
型紙どおりの表情です。

見上げる
型紙のバランスのまま、頭の上の方に刺しゅうします。

見下ろす
型紙のバランスのまま、頭の下の方に刺しゅうします。

子どもっぽく
鼻を中心に、両目の位置を離します。

大人っぽく
鼻を中心に、両目の位置を寄せます。

ぬいぐるみ用のパーツを使う

さまざまなカラー・サイズの目や鼻が市販されています。素材は主にプラスチック製ですが、目はガラス製などもあります。特に目のパーツを使うと、光が反射して生き生きとした表情になります。

羊毛を刺しつける

ごく少量の羊毛をベースに刺しつけます。根気がいる作業ですが、自由な表現をすることができます。強い印象の濃い色や、優しい印象の淡い色など、色を変えるだけでも変化が出ます。

刺しゅうで目の大きさを変える

	1回巻き	2回巻き	3回巻き
糸1本			
糸2本			
糸3本			
糸4本			

《実物大》

フレンチノットステッチでは、糸の本数や、針に巻く回数を変えるだけでさまざまな表情が楽しめます。

one more step
素材を変えてみましょう

森のりす
squirrel

フェルケットで作る

羊毛をシート状にまとめたフェルケットは
扱いやすく、特に初心者さんにおすすめ。
端から巻いたり、芯の羊毛を包んだりと
簡単にマスコットが作れます。
作り方＝P.61

Step 5 マスコットをバランスよく作りましょう

one more step　素材を変えて
フェルケットで作ってみましょう

✕ 森のリス

用意するもの

- ウールキャンディ フェルケット (H441-123-1)
- ウールキャンディ フェルケット (H441-123-5)
- ニードルわたわた 生成り (H440-003-310)
- 丸小ビーズ＝クリア 10個
- 刺しゅう糸 (こげ茶)
- 縫い糸

Point

りす…頭とボディはニードルわたわたで芯を作り、フェルケットを巻いて刺しつけます。それ以外のパーツはそのまま巻いて刺します。型紙を参照し、パーツをジョイントします。顔を刺しゅうします。

木＆おうち…フェルケットをそのまま巻いて刺し、木には好みでビーズを縫いつけます。63ページ参照。

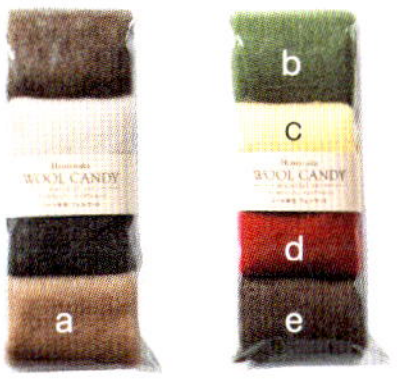

ウールキャンディ
(フェルケット)
a＝うす茶、b＝緑、
c＝うす黄、d＝赤、e＝茶色

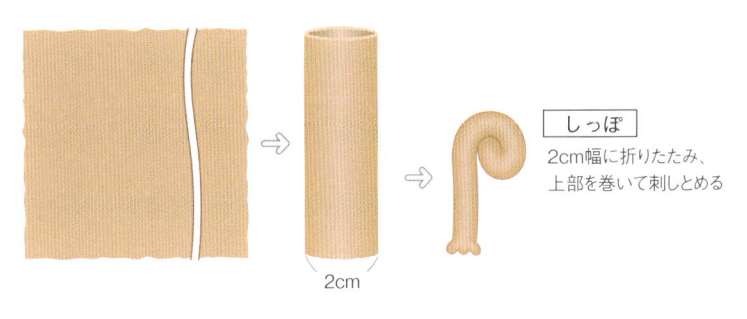

【しっぽ】
2cm幅に折りたたみ、上部を巻いて刺しとめる

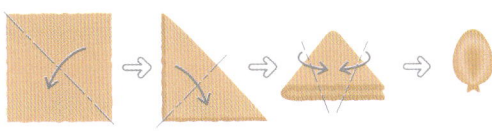

2cm

【耳】
三角に2回折り、両端を内側に折って刺す

【腕・足】
端から巻いて刺す

＊各パーツともジョイント部分はふわふわのまま残す

〈ニードルわたわた〉
頭　5×5cm
ボディ　5×9cm

〈フェルケット〉
＊すべてうす茶
頭＋ボディ　6×8cm
しっぽ　6×10cm
耳 2個　2×2cm
腕・足 各2個　各2×4cm

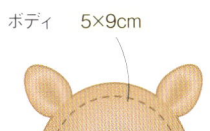

【顔の刺しゅう】
目・鼻…フレンチノットステッチ
(こげ茶 2本どり・2回巻き)

4出　2出　6出
針入れ位置
始1・3・5・7終

フェルケットについて

フェルケットは、繊維をいろいろな方向に並べ、薄いシート状に仕立てた羊毛です。はさみでカットして、作品になじみやすいよう、端を指でほぐしてから使います。

包んで刺す

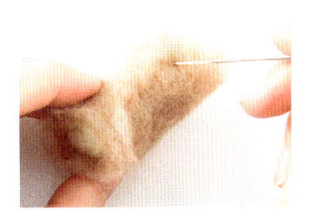

ニードルわたわたにフェルケットを巻くと、スピーディーに仕上がります。

巻いて刺す

フェルケットをそのまま巻くと、腕や足など、棒状のパーツが簡単に作れます。

スカードウール
で作る

Y

もこもこひつじ
soft sheep

カラースカードは、カールが特徴。
好みのふんわり感を残して。
作り方 = P.63

Z

まんまるひつじ
sheep ball

顔を残して、丸く刺しつけます。
サイズや色を変えて、たくさん作って。
作り方 = P.63

1　2　3

Step 5 マスコットをバランスよく作りましょう

one more step
素材を変えて **スカードウールで作ってみましょう**

Y もこもこひつじ
Z まんまるひつじ

■ =ふわふわのまま残す

用意するもの

・ウールキャンディ
　カラースカード（H441-124-2）
　a＝ピンク、b＝白、c＝水色

・ニードルわたわた
　生成り（H440-003-310）

・刺しゅう糸（こげ茶、うす茶）

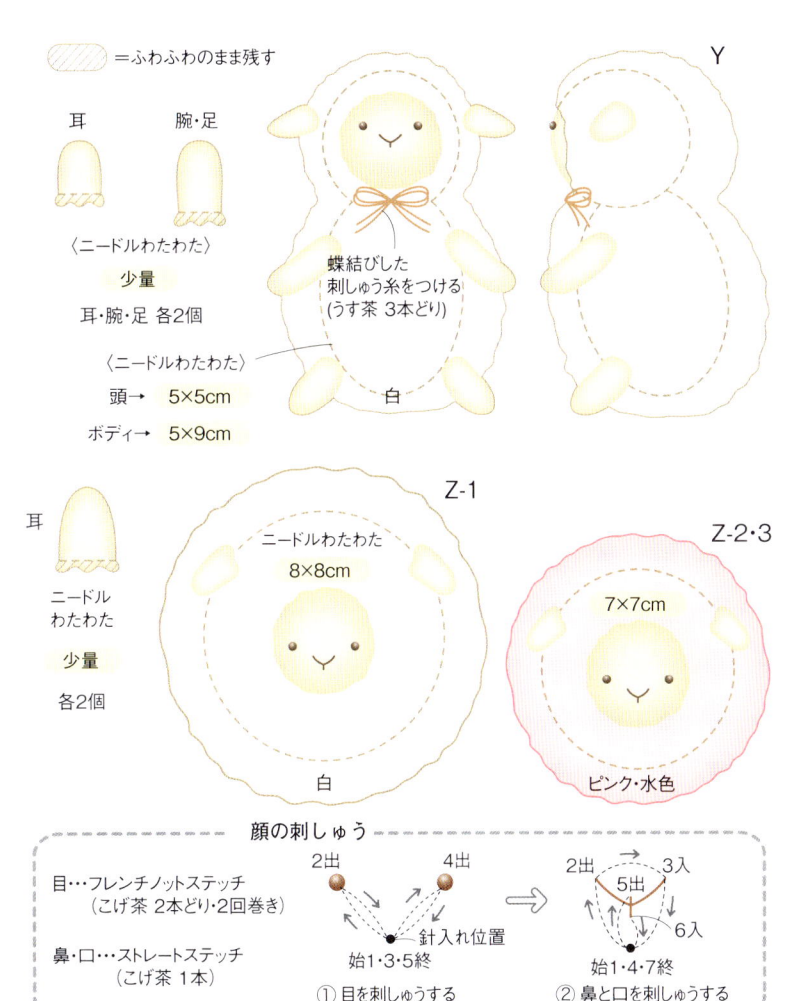

Point

ニードルわたわたで芯を作り、顔部分を残してカラースカードを刺しつけます。耳・手足をつけ、顔を刺しゅうします。Yの刺しゅうは首の後ろから針を入れ、Zは下の目立たないところから入れます。

カラースカードについて

カラースカードは、羊から刈りとったままのカールが特徴です。使いたい分を手でちぎって刺します。ここでは、ニードルわたわたで作った芯に刺しつけています。

Y

耳　腕・足
〈ニードルわたわた〉
少量
耳・腕・足 各2個

〈ニードルわたわた〉
頭→　5×5cm
ボディ→　5×9cm

蝶結びした刺しゅう糸をつける（うす茶 3本どり）
白

Z-1

耳
ニードルわたわた
少量
各2個

ニードルわたわた
8×8cm
白

Z-2・3

7×7cm
ピンク・水色

顔の刺しゅう

目…フレンチノットステッチ（こげ茶 2本どり・2回巻き）
鼻・口…ストレートステッチ（こげ茶 1本）

2出　4出
針入れ位置
始1・3・5終

2出　3入
5出
6入
始1・4・7終

① 目を刺しゅうする　② 鼻と口を刺しゅうする

61ページのつづき

〈屋根・葉〉　中央まで切り込みを入れて半分に折り、円錐形に巻いて刺す

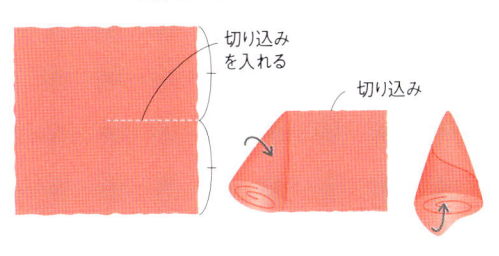

切り込みを入れる
切り込み

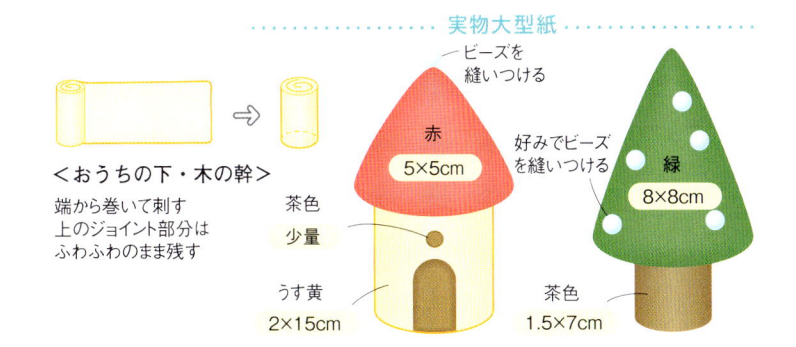

〈おうちの下・木の幹〉
端から巻いて刺す
上のジョイント部分はふわふわのまま残す

実物大型紙

ビーズを縫いつける
赤　5×5cm

好みでビーズを縫いつける
緑　8×8cm

茶色 少量
うす黄　2×15cm
茶色　1.5×7cm

63

何かを初めて作るとき、
材料や道具を揃えるのが億劫になることはありませんか。
私にはそんなところがあります。
それでも、何かしら「作る」ことをよくします。

作っていると、知らない間に夢中になっていて、
できあがったときはちょっとうれしくて…
そんなささやかな「うれしい気持ち」が大好きです。

羊毛フェルトは
シンプルな材料と道具、そしてシンプルな「刺す」という作業。
最初は少し億劫がる私にはもちろん、
何かを作りたいな、と思う人の気持ちにぴったりのクラフトだと思います。

この本が、あなたの日々の傍らに
「作る喜び」という
ささやかな発見とうれしい気持ちを
もし運んでくれたなら、とても幸せです。

この本に携わってくださったすべての方々と
この本を手とってくださったすべての方々に
心から感謝いたします。

maco maako

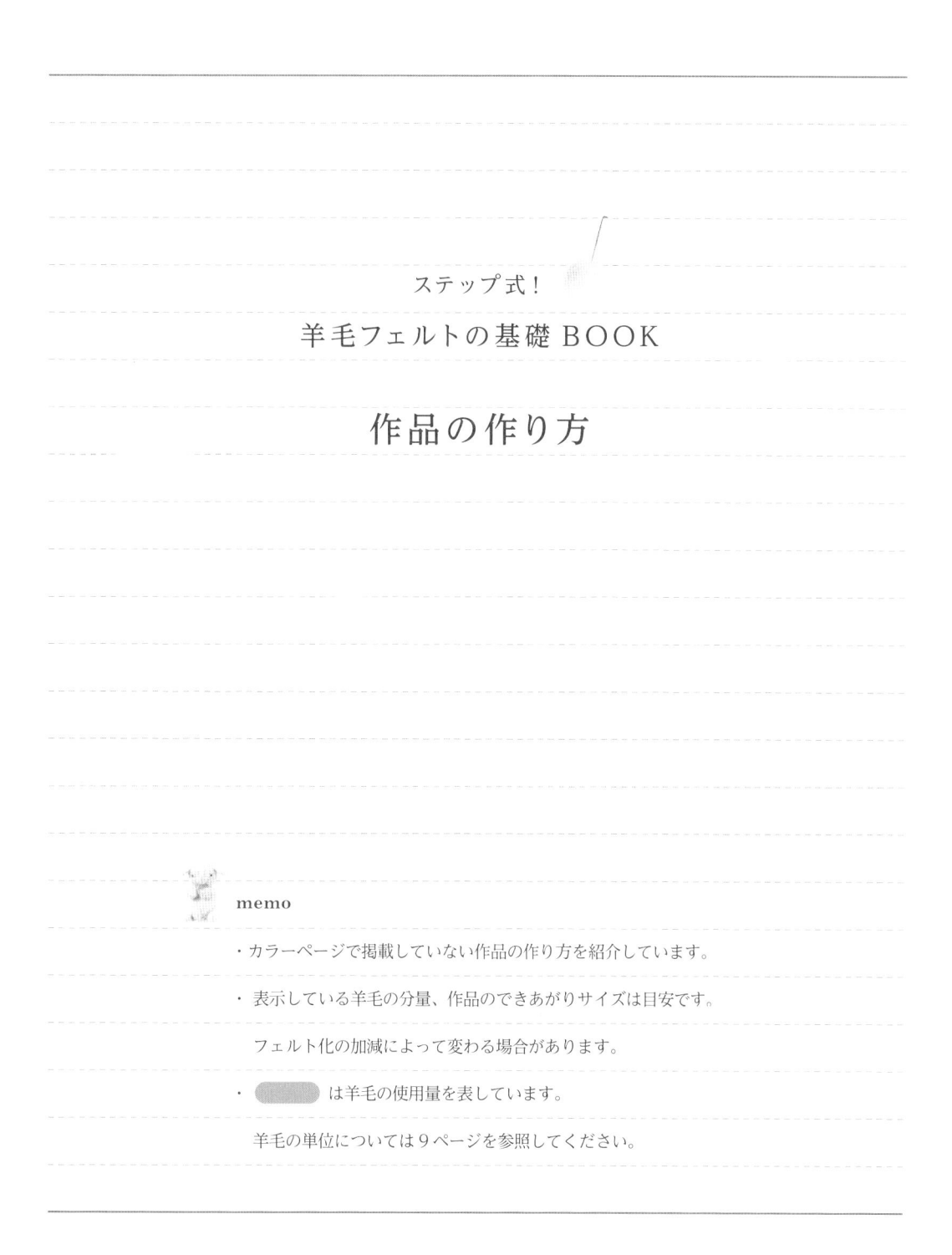

ステップ式！
羊毛フェルトの基礎 BOOK

作品の作り方

memo

・カラーページで掲載していない作品の作り方を紹介しています。

・表示している羊毛の分量、作品のできあがりサイズは目安です。
　フェルト化の加減によって変わる場合があります。

・　　　　　は羊毛の使用量を表しています。
　羊毛の単位については9ページを参照してください。

A 3色のお花ブローチ
(14ページの作品)

用意するもの
- ウールキャンディ デイジーカラー (H441-120-6)
- 丸大ビーズ＝ゴールド 各1個
- 紙巻きワイヤー＝各20cm
- 好みの布＝3.5×2cmを4種類
- 1cm幅の布テープ＝適量
- 2.5cm幅のブローチピン＝各1個
- ボンド

Point
ビーズを通した紙巻きワイヤーをボールに通し、葉とブローチピンをつけます。葉は、ボールの色に合わせて、無地やプリント地を上手に選びましょう。

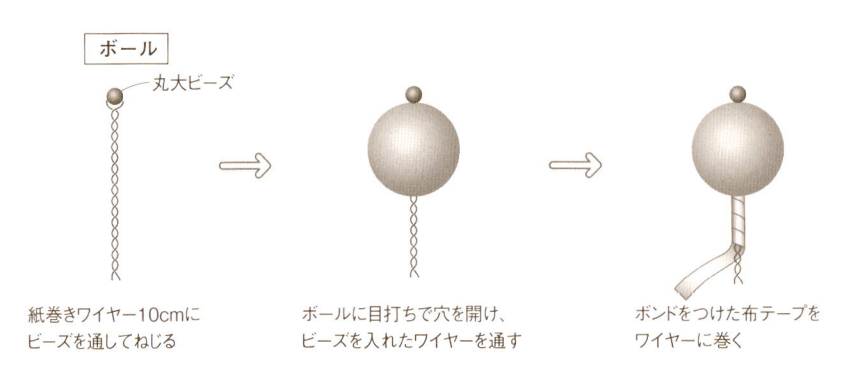

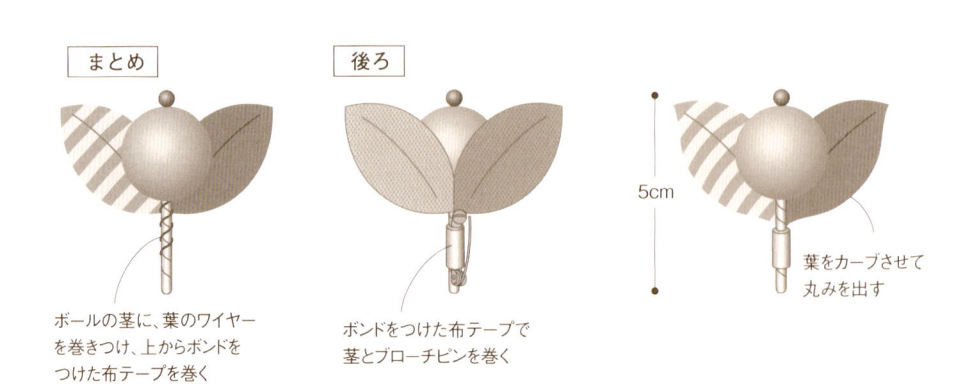

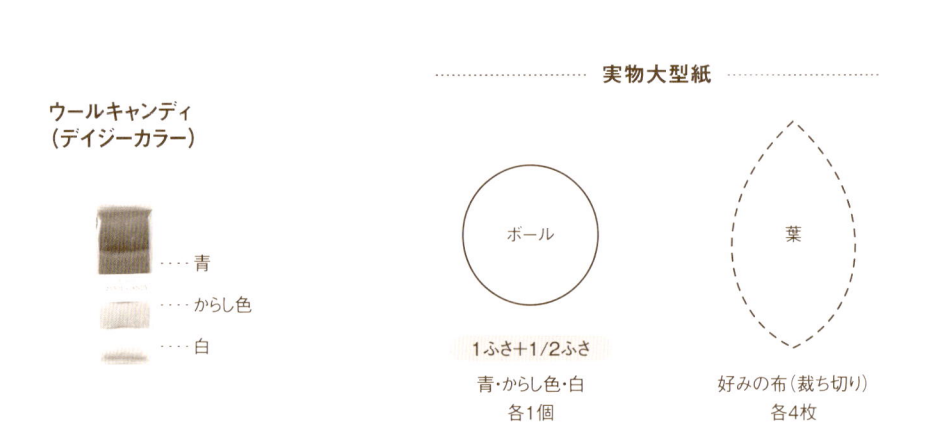

ボール

丸大ビーズ

紙巻きワイヤー10cmにビーズを通してねじる

→ ボールに目打ちで穴を開け、ビーズを入れたワイヤーを通す

→ ボンドをつけた布テープをワイヤーに巻く

葉

紙巻きワイヤーをはさみ、布2枚をボンドで貼る

紙巻きワイヤー 5cm

→ 型紙に合わせ、葉の形に切る

＊各2個作る

まとめ

ボールの茎に、葉のワイヤーを巻きつけ、上からボンドをつけた布テープを巻く

後ろ

ボンドをつけた布テープで茎とブローチピンを巻く

5cm

葉をカーブさせて丸みを出す

ウールキャンディ (デイジーカラー)
- ‥‥ 青
- ‥‥ からし色
- ‥‥ 白

実物大型紙

ボール
1ふさ＋1/2ふさ
青・からし色・白
各1個

葉
好みの布(裁ち切り)
各4枚

B うみ色のストラップ
（15ページの作品）

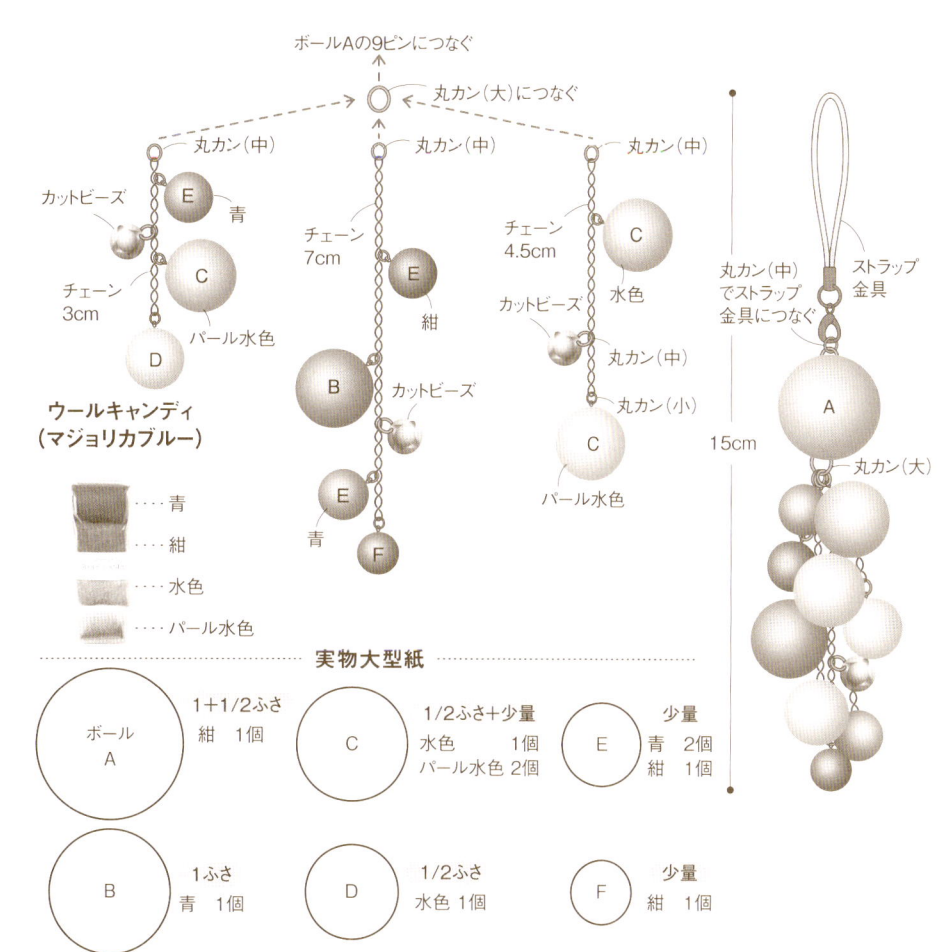

用意するもの
- ウールキャンディ　マジョリカブルー（H441-120-4）
- 直径0.8cmのカットビーズ＝クリア 3個
- 9ピン＝10本
- チェーン＝14.5cm
- 丸カン＝大1個、中7個、小9個
- ストラップ金具＝1個

Point
ボールを作って9ピンを通し（先はU字に曲げる）、バランスよくチェーンにつなぎます。小さなパーツには、極細タイプのニードルがおすすめです。

ボールAの9ピンにつなぐ
丸カン（大）につなぐ
丸カン（中）
カットビーズ
チェーン 3cm
E 青
C パール水色
D
チェーン 7cm
丸カン（中）
E 紺
B
カットビーズ
E 青
F
チェーン 4.5cm
丸カン（中）
C 水色
カットビーズ
丸カン（中）
丸カン（小）
C パール水色

丸カン（中）でストラップ金具につなぐ
ストラップ金具
A
丸カン（大）
15cm

ウールキャンディ（マジョリカブルー）
・・・・青
・・・・紺
・・・・水色
・・・・パール水色

実物大型紙

ボールA	C 1/2ふさ+少量 水色　1個 パール水色 2個	E 少量 青 2個 紺 1個
1+1/2ふさ 紺 1個		

B 1ふさ 青 1個	D 1/2ふさ 水色 1個	F 少量 紺 1個

C ミニボールのネックレス
（15ページの作品）

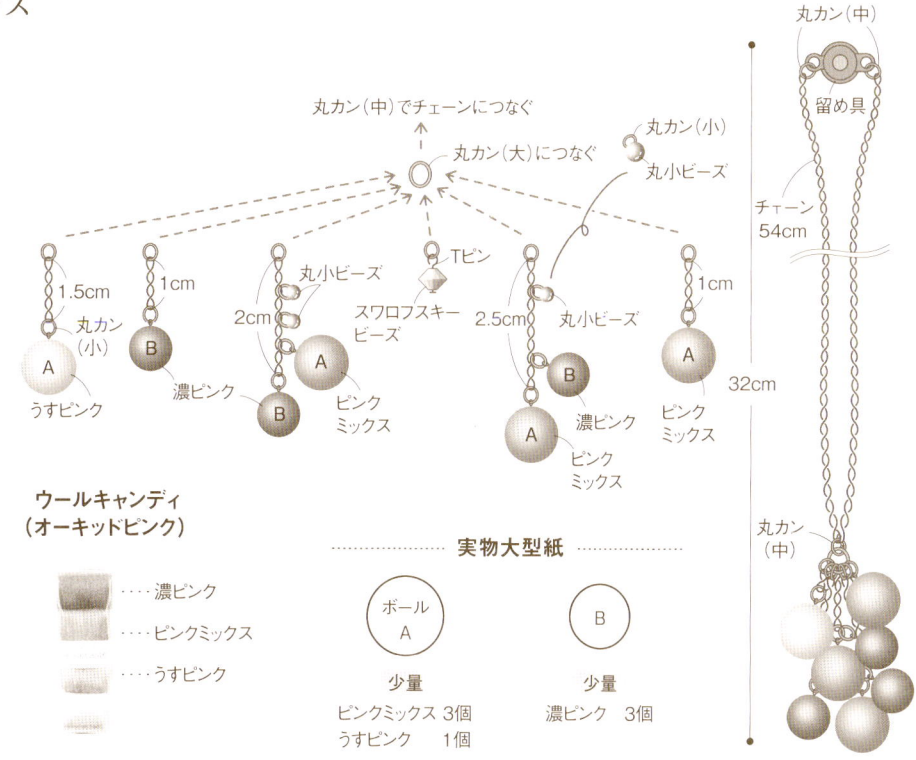

用意するもの
- ウールキャンディ　オーキッドピンク（H441-120-2）
- 丸小ビーズ＝ピンク 3個
- スワロフスキービーズ＝クリア 1個
- 9ピン＝7本
- Tピン＝1本
- 丸カン＝大1個、中3個、小16個
- チェーン＝62cm
- ネックレスの留め具＝1組

Point
ボールを作って9ピンを通し（先はU字に曲げる）、バランスよくチェーンにつなぎます。小さなパーツには、極細タイプのニードルがおすすめです。

丸カン（中）でチェーンにつなぐ
丸カン（大）につなぐ
丸カン（小）
丸小ビーズ
1.5cm
丸カン（小）
A うすピンク
1cm
B 濃ピンク
丸小ビーズ
2cm
A ピンクミックス
B
Tピン
スワロフスキービーズ
2.5cm
丸小ビーズ
B 濃ピンク
A ピンクミックス
1cm
A ピンクミックス

丸カン（中）
留め具
チェーン 54cm
32cm
丸カン（中）

ウールキャンディ（オーキッドピンク）
・・・・濃ピンク
・・・・ピンクミックス
・・・・うすピンク

実物大型紙

ボールA 少量 ピンクミックス 3個 うすピンク 1個	B 少量 濃ピンク 3個

E-1 ビーズつきのネックレス
（16ページの作品）

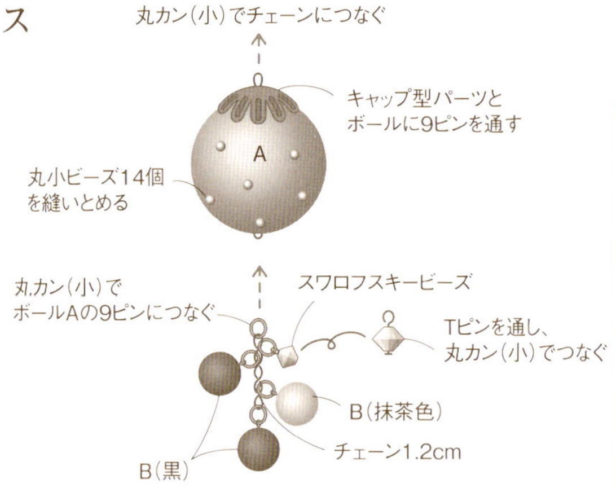

丸カン（小）でチェーンにつなぐ

キャップ型パーツとボールに9ピンを通す

丸小ビーズ14個を縫いとめる

A

丸カン（小）でボールAの9ピンにつなぐ

スワロフスキービーズ

Tピンを通し、丸カン（小）でつなぐ

B（抹茶色）

チェーン1.2cm

B（黒）

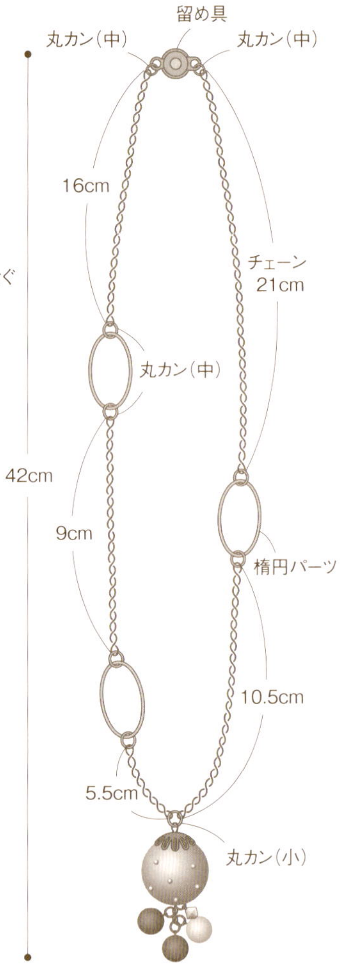

留め具
丸カン（中）　丸カン（中）
16cm
チェーン 21cm
丸カン（中）
9cm
42cm
楕円パーツ
10.5cm
5.5cm
丸カン（小）

用意するもの
- ウールキャンディ　グラマラスカラー（H441-120-7）
- 丸小ビーズ＝クリア 14個
- スワロフスキービーズ＝グレー 1個
- 9ピン＝4本　・Tピン＝1本
- 丸カン＝中8個、小6個
- 楕円パーツ＝3個
- チェーン＝63.2cm
- ネックレス用の留め具＝1組
- 1cm幅のキャップ型パーツ
- 縫い糸

Point
ボールを作って9ピンを通し（先はU字に曲げる）、バランスよくチェーンにつなぎます。ビーズを縫いつけたときの玉結びは、ボールに引き入れて隠します。

実物大型紙
ボールA　3ふさ　赤紫 1個

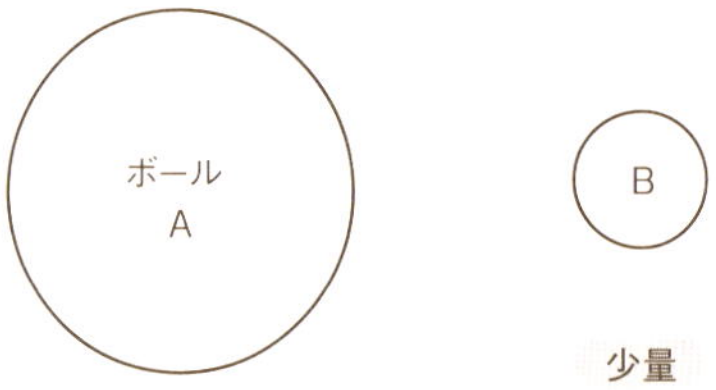

B　少量　黒 2個　抹茶色 1個

E-2 ビーズつきのリング
（16ページの作品）

9ピンを通す

丸小ビーズ14個を縫いとめる

チェーン1.3cm

丸カン（中）

丸大ビーズ

＊3本作り、上をまとめて丸カン（中）に通す

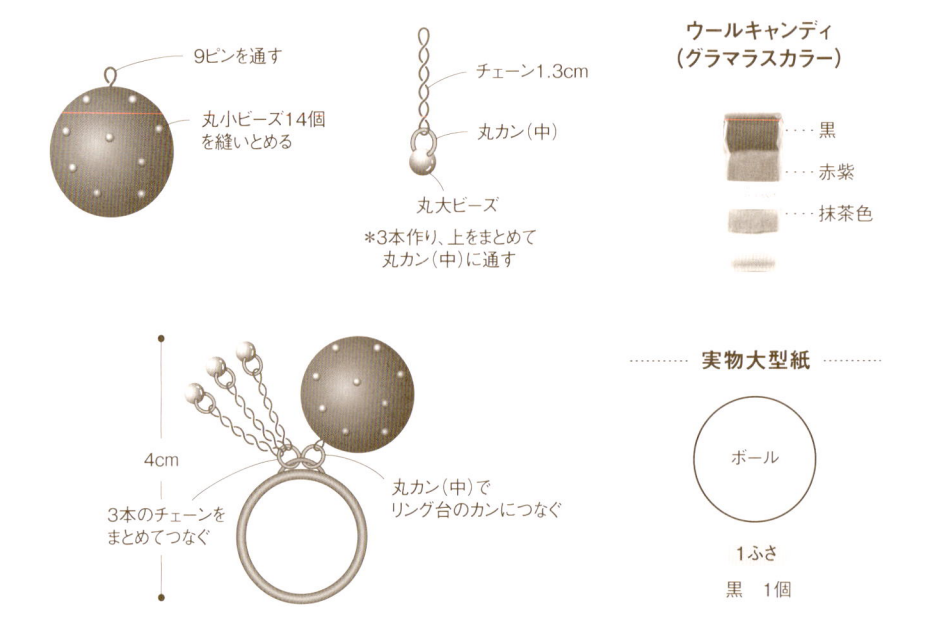

4cm

3本のチェーンをまとめてつなぐ

丸カン（中）でリング台のカンにつなぐ

用意するもの
- ウールキャンディ　グラマラスカラー（H441-120-7）
- 丸小ビーズ＝クリア 14個
- 丸大ビーズ＝クリア 3個
- 9ピン＝1本　・丸カン＝中5個
- チェーン＝3.9cm
- カン付きリング台＝1個　・縫い糸

Point
ボールを作って9ピンを通し（先はU字に曲げる）、リング台につなぎます。ビーズを縫いつけたときの玉結びは、ボールに引き入れて隠します。

ウールキャンディ（グラマラスカラー）
…… 黒
…… 赤紫
…… 抹茶色

実物大型紙
ボール　1ふさ　黒 1個

F すみれ色のブローチ
(17ページの作品)

用意するもの
- ウールキャンディ　ミスティーパープル
  (H441-120-3)
- 丸小ビーズ＝うす紫 6 個
- ドロップビーズ＝クリア 2 個
- 1cm幅のレース＝生成り 9cm
- 0.3cm幅のサテンリボン＝グレー 10cm
- 丸カン＝大 2 個、中 3 個、小 12 個
- チェーン＝ 4.5cm　・9 ピン＝ 3 本
- 5cm幅のカブトピン
  (5 個のカン付き) ＝ 1 個

Point
ボールを作って 9 ピンを通し (先は U 字に曲げる)、カブトピンにつなぎます。レースはカブトピンの端の空間につなぎます。

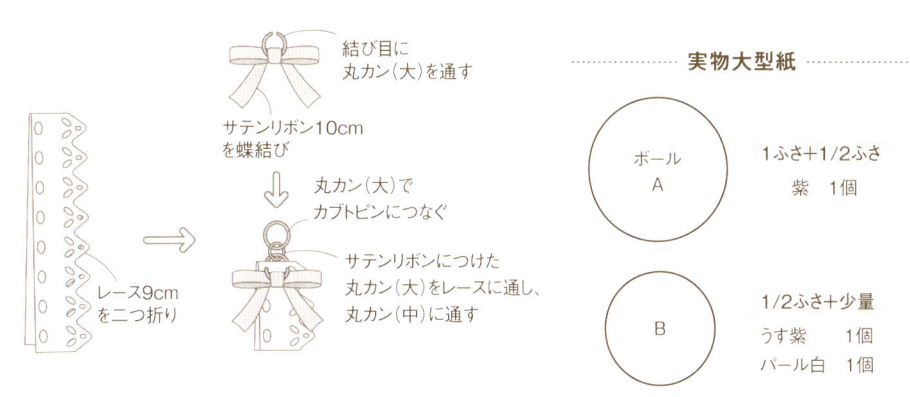

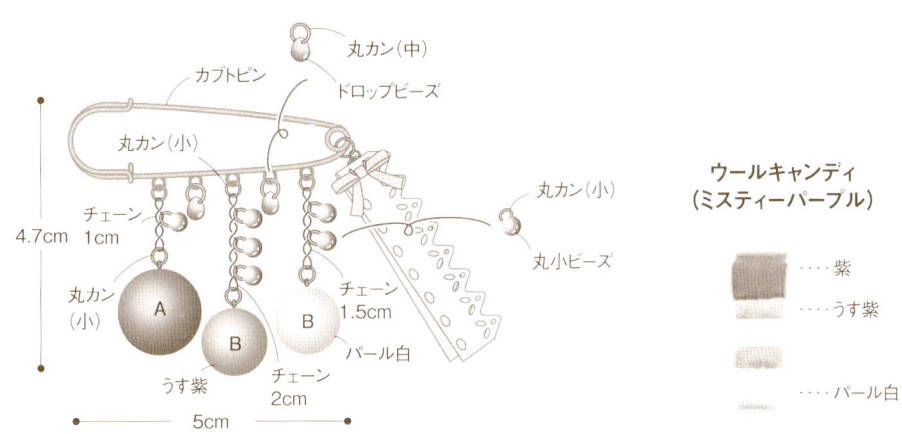

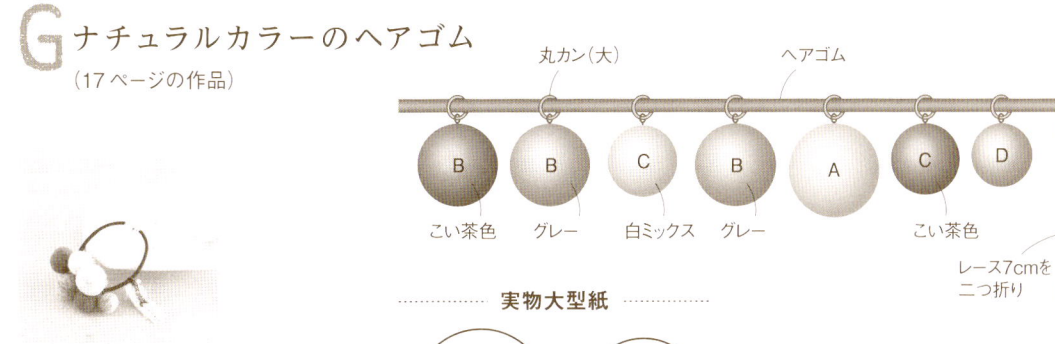

レース9cm を二つ折り

結び目に丸カン(大)を通す
サテンリボン10cm を蝶結び
丸カン(大)でカブトピンにつなぐ
サテンリボンにつけた丸カン(大)をレースに通し、丸カン(中)に通す

実物大型紙

ボール A　1ふさ＋1/2ふさ　紫　1個

B　1/2ふさ＋少量　うす紫　1個　パール白　1個

カブトピン
丸カン(中)
ドロップビーズ
丸カン(小)
チェーン 1cm
4.7cm
丸カン(小)
A うす紫
B チェーン 2cm
B パール白
チェーン 1.5cm
丸小ビーズ
丸カン(小)
5cm

ウールキャンディ (ミスティーパープル)
....紫
....うす紫
....パール白

G ナチュラルカラーのヘアゴム
(17ページの作品)

用意するもの
- ウールキャンディ　ダークグレイッシュ
  (H441-120-5)
- ドロップビーズ＝クリア 2 個
- 1cm幅のレース＝生成り 9cm
- 9 ピン＝ 7 本
- 丸カン＝大 8 個、中 3 個
- チェーン＝ 3cm
- ヘアゴム＝ 18cm
- ボンド

Point
ボールを作って 9 ピンを通し (先は U 字に曲げる)、ヘアゴムにつなぎます。ヘアゴムの結び目は、レースを巻いて飾ります。

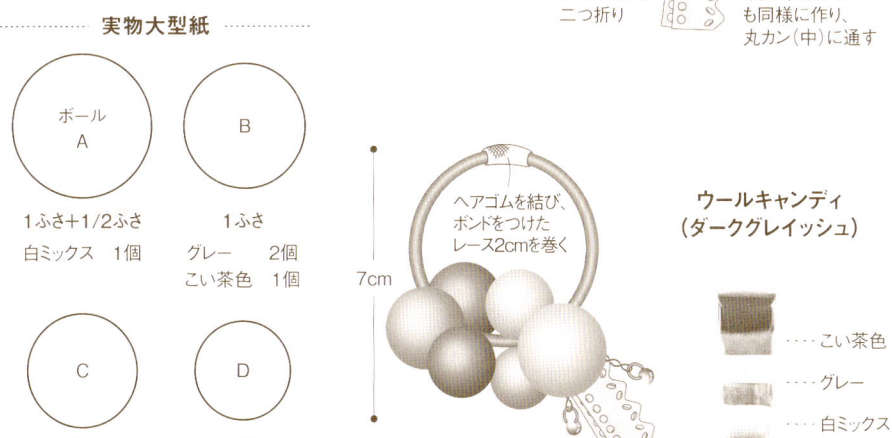

丸カン(大)　ヘアゴム
B　B　C　B　A　C　D
こい茶色　グレー　白ミックス　グレー　こい茶色

レースに丸カン(中)を通す
チェーン1.5cm
丸カン(中)
ドロップビーズ
レース7cmを二つ折り
もう1本のチェーンも同様に作り、丸カン(中)に通す

実物大型紙

ボール A　1ふさ＋1/2ふさ　白ミックス　1個

B　1ふさ　グレー　2個　こい茶色　1個

C　1/2ふさ＋少量　白ミックス　1個　こい茶色　1個

D　1/2ふさ　グレー　1個

ヘアゴムを結び、ボンドをつけたレース2cmを巻く
7cm

ウールキャンディ (ダークグレイッシュ)
....こい茶色
....グレー
....白ミックス

69

I おうちのサシェ
（32ページの作品）

用意するもの
- ウールキャンディ　ダークグレイッシュ (H441-120-5)
- 0.3cm幅のサテンリボン＝茶色各10cm
- 0.3cm幅のコード＝生成り各9cm
- ポプリ＝適量
- ティッシュペーパー

Point
31ページを参照しておうちを作り、コードとサテンリボンをつけます。窓の輪郭などの直線は羊毛を軽く刺してから、きわに棒などをあてて刺すときれいに仕上がります。

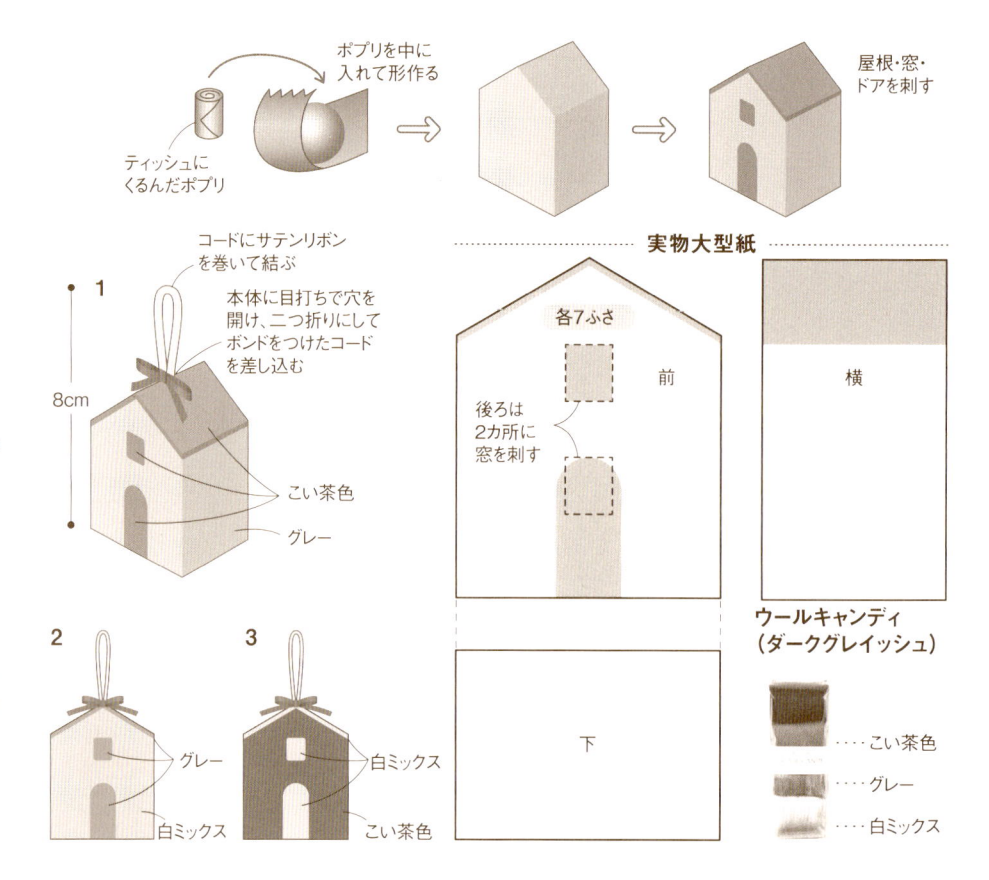

作り方図：
- ティッシュにくるんだポプリ
- ポプリを中に入れて形作る
- 屋根・窓・ドアを刺す

1. コードにサテンリボンを巻いて結ぶ／本体に目打ちで穴を開け、二つ折りにしてボンドをつけたコードを差し込む（8cm）
   - こい茶色
   - グレー
2. グレー／白ミックス
3. 白ミックス／こい茶色

実物大型紙
- 前：各7ふさ　後ろは2カ所に窓を刺す
- 横
- 下

ウールキャンディ（ダークグレイッシュ）
- こい茶色
- グレー
- 白ミックス

J ひよこのマグネット
（33ページの作品）

用意するもの
共通
- ウールキャンディ　アシッドオレンジ (H441-120-1)
- 刺しゅう糸（茶色）　・ボンド
- 直径1cmのマグネット＝各1個

1. 花モチーフ＝1枚
   - 丸小ビーズ＝クリア1個
   - 縫い糸
2. 0.3cm幅のサテンリボン＝山吹色13cm
3. 0.5cm幅のレース＝生成り7cm

Point
24ページを参照してひよこを作り、マグネットをつけます。刺しゅうは、下の目立たないところから針を入れます。刺しゅうが終わったら、少量の羊毛・飾りで隠します。

作り方図：
1. フレンチノットステッチ（茶色　2本どり・2回巻き）＊裏も同様／花モチーフをボンドで貼り、丸小ビーズを中心に縫いとめる
2. サテンリボン6cmを結び、ボンドで貼る／ボンドをつけたサテンリボン7cmを巻く／裏は重ねる
3. ボンドをつけたレース7cmを巻く／裏は重ねる

後ろ〈1〜3共通〉
マグネットをボンドで貼る

実物大型紙
- オレンジ色　少量〈1〜3共通〉
- 各1ふさ＋1/2ふさ
  1. レモン色
  2. パールオレンジ
  3. 白

ウールキャンディ（アシッドオレンジ）
- オレンジ色
- パールオレンジ
- レモン色
- 白

K しずくのヘアゴム
（33ページの作品）

用意するもの
- ウールキャンディ　マジョリカブルー（H441-120-4）
- 丸小ビーズ＝クリア 17個
- 丸大ビーズ＝クリア 4個
- ドロップビーズ＝クリア 2個
- 1cm幅のレース＝生成り 17cm
- 丸カン＝大 5個、中 6個
- 9ピン＝3本
- チェーン＝5.5cm　・ヘアゴム＝18cm
- 縫い糸　・ボンド

Point
21ページを参照してしずくを作り、ヘアゴムにつなぎます。ビーズを縫いつけたときの玉結びは、ボールに引き入れて隠します。

しずくに9ピンを通す
Aは丸小ビーズ17個を縫いとめる

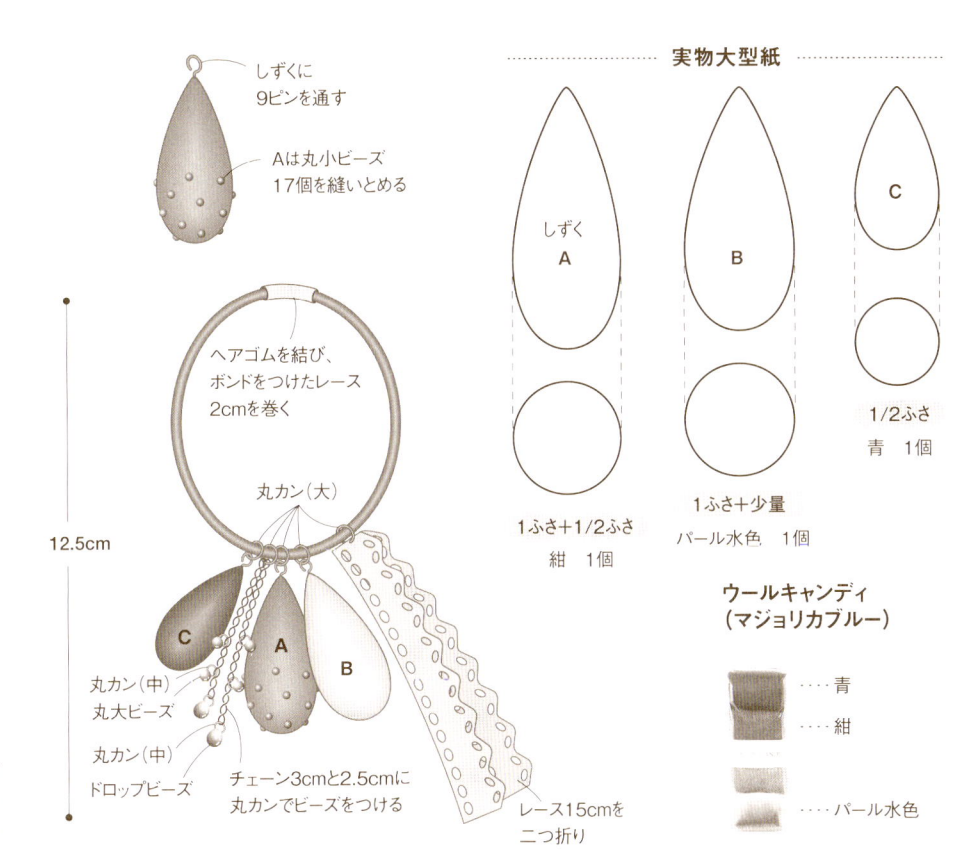

ヘアゴムを結び、ボンドをつけたレース2cm を巻く
12.5cm
丸カン（大）
丸カン（中）
丸大ビーズ
丸カン（中）
ドロップビーズ
チェーン3cmと2.5cmに丸カンでビーズをつける
レース15cmを二つ折り

実物大型紙
しずく A
B
C
1/2ふさ　青 1個
1ふさ＋1/2ふさ　紺 1個
1ふさ＋少量　パール水色 1個

ウールキャンディ（マジョリカブルー）
……青
……紺
……パール水色

L ハートのサシェ
（33ページの作品）

用意するもの
共通　・ウールキャンディ　オーキッドピンク（H441-120-2）・0.3cm幅のコード＝生成り各15cm　・ポプリ＝適量　・ティッシュペーパー　・ボンド　1 ・0.5cm幅のレース＝生成り25cm　・0.3cm幅のサテンリボン＝茶色10cm　・丸小ビーズ＝クリア5個　・縫い糸　2 ・ドロップビーズ＝クリア1個　・1cm幅のレース＝生成り15cm　・0.3cm幅のサテンリボン＝ピンク10cm　・丸カン＝大1個　3 ・丸小ビーズ＝クリア5個　・0.8cm幅のレース＝生成り15cm　・0.3cm幅のサテンリボン＝グレー10cm　・縫い糸

Point
25ページを参照してハートを作り、コードと飾りをつけます。なめらかな丸みが出るように丁寧に刺しましょう。

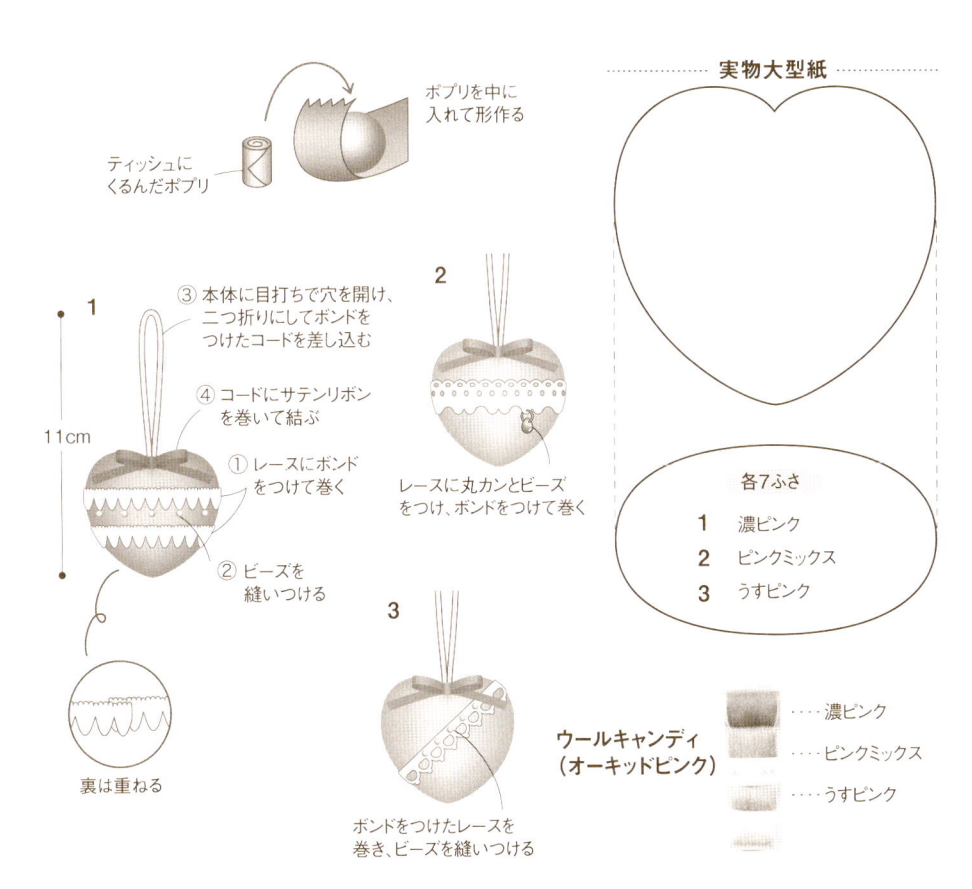

ポプリを中に入れて形作る
ティッシュにくるんだポプリ

1
11cm
③本体に目打ちで穴を開け、二つ折りにしてボンドをつけたコードを差し込む
④コードにサテンリボンを巻いて結ぶ
①レースにボンドをつけて巻く
②ビーズを縫いつける
裏は重ねる

2
レースに丸カンとビーズをつけ、ボンドをつけて巻く

3
ボンドをつけたレースを巻き、ビーズを縫いつける

実物大型紙
各7ふさ
1 濃ピンク
2 ピンクミックス
3 うすピンク

ウールキャンディ（オーキッドピンク）
……濃ピンク
……ピンクミックス
……うすピンク

N 木の実のブローチ
（39ページの作品）

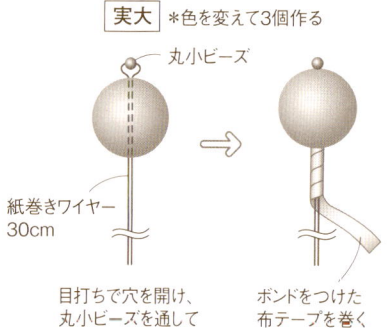

| 実大 | *色を変えて3個作る |

丸小ビーズ

紙巻きワイヤー 30cm

目打ちで穴を開け、丸小ビーズを通して二つ折りにした紙巻きワイヤーを通す

ボンドをつけた布テープを巻く

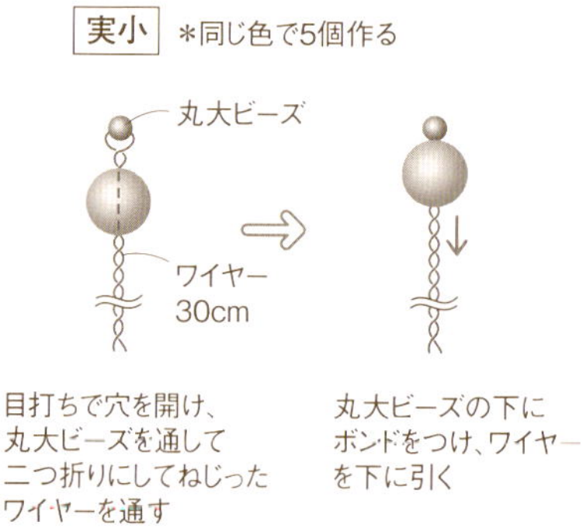

| 実小 | *同じ色で5個作る |

丸大ビーズ

ワイヤー 30cm

目打ちで穴を開け、丸大ビーズを通して二つ折りにしてねじったワイヤーを通す

丸大ビーズの下にボンドをつけ、ワイヤーを下に引く

用意するもの
- ウールキャンディ　ミスティーパープル（H441-120-3）
- ウールキャンディ　リーフグリーン（H441-121-2）
- 丸大ビーズ＝茶色5個
- 丸小ビーズ＝うす紫3個
- 0.5cm幅のサテンリボン＝紫15cm
- 1cm幅の布テープ＝適量
- 3cm幅のブローチピン＝1個
- ワイヤー＝ゴールド 150cm
- 紙巻きワイヤー＝90cm
- 縫い糸　・ボンド

Point
実（11ページのボール参照）と葉（37ページの花びら参照）を作り、バランスよくまとめます。葉がうまく固定できない場合は、少量のボンドを使います。

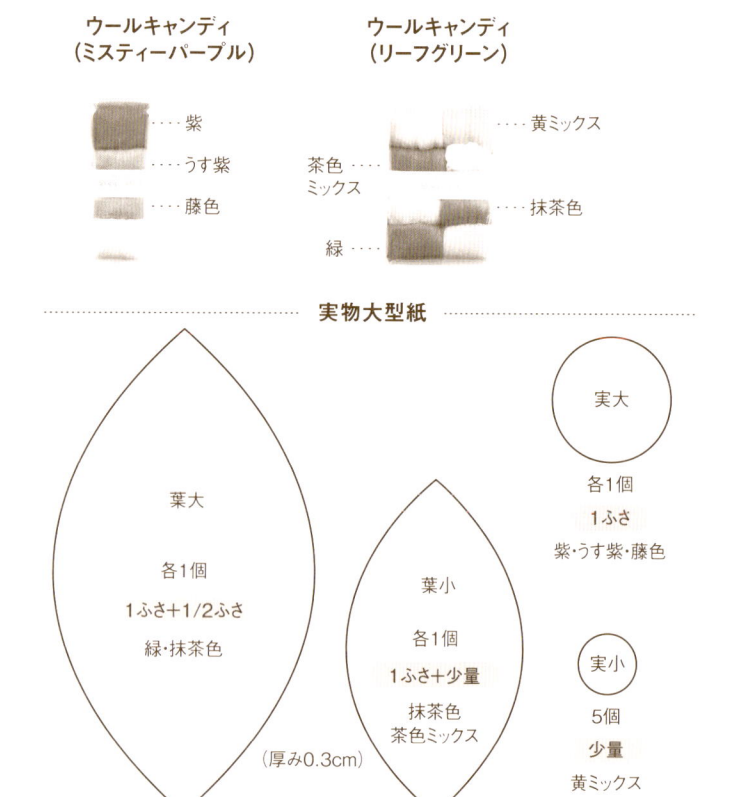

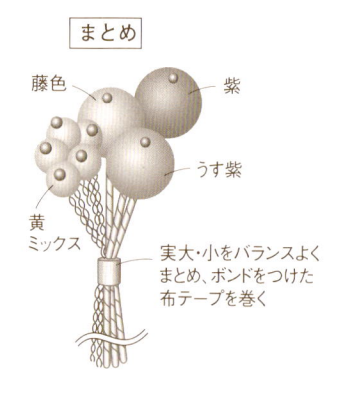

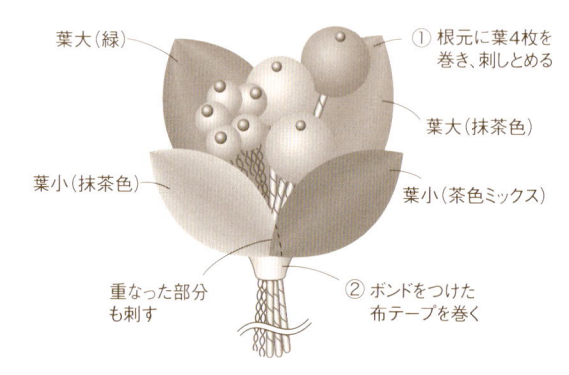

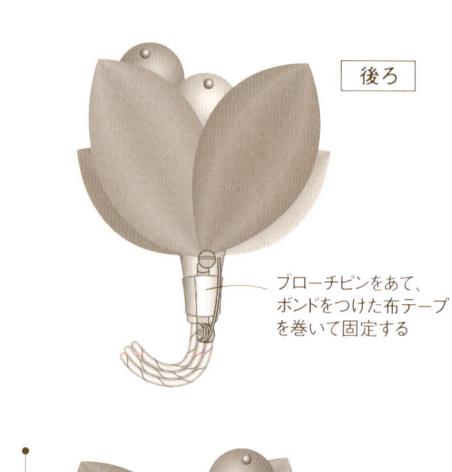

| まとめ |

藤色
紫
うす紫
黄ミックス

実大・小をバランスよくまとめ、ボンドをつけた布テープを巻く

*葉は、37ページ（花びら）を参照して4枚作る

葉大（緑）
葉大（抹茶色）
葉小（抹茶色）
葉小（茶色ミックス）

① 根元に葉4枚を巻き、刺しとめる
② ボンドをつけた布テープを巻く

重なった部分も刺す

| 後ろ |

ブローチピンをあて、ボンドをつけた布テープを巻いて固定する

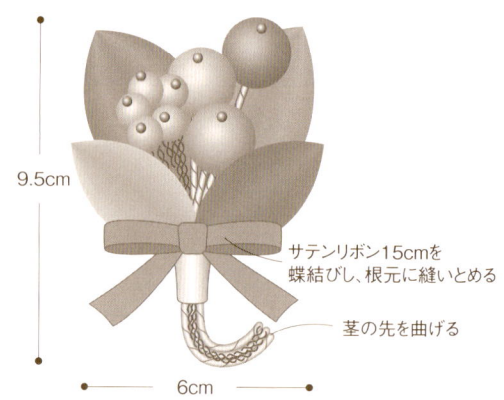

ウールキャンディ（ミスティーパープル）
・・・紫
・・・うす紫
・・・藤色

ウールキャンディ（リーフグリーン）
・・・黄ミックス
茶色ミックス
・・・抹茶色
緑・・・

実物大型紙

葉大
各1個
1ふさ＋1/2ふさ
緑・抹茶色

葉小
各1個
1ふさ＋少量
抹茶色
茶色ミックス
（厚み0.3cm）

実大
各1個
1ふさ
紫・うす紫・藤色

実小
5個
少量
黄ミックス

9.5cm
6cm

サテンリボン15cmを蝶結びし、根元に縫いとめる

茎の先を曲げる

O-1 小さなお花のネックレス
（39ページの作品）

用意するもの
- ウールキャンディ　マジョリカブルー（H441-120-4）
- ウールキャンディ　アンティークブラウン（H441-121-3）
- 丸小ビーズ＝紫 19個
- 9ピン＝9個
- 丸カン＝大2個、中2個、小25個
- チェーン＝61cm
- ネックレスの留め具＝1組

Point
37ページを参照して花びらを作り、バランスよくチェーンにつなぎます。パーツが小さいので、指先で押さえながら少しずつ丁寧に刺しましょう。

ウールキャンディ（マジョリカブルー）
- 紺
- 水色

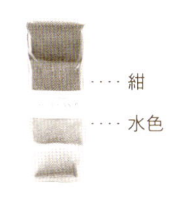

ウールキャンディ（アンティークブラウン）
- 生成りミックス
- モカ茶
- 茶色
- キャメル
- ココア色

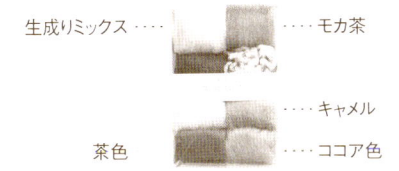

実物大型紙

花びら　各少量
ふわふわのまま（厚み0.4cm）

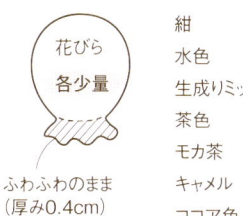

紺	1個
水色	1個
生成りミックス	2個
茶色	2個
モカ茶	1個
キャメル	1個
ココア色	1個

ボール　各少量
紺・ココア色・生成りミックス　各1個

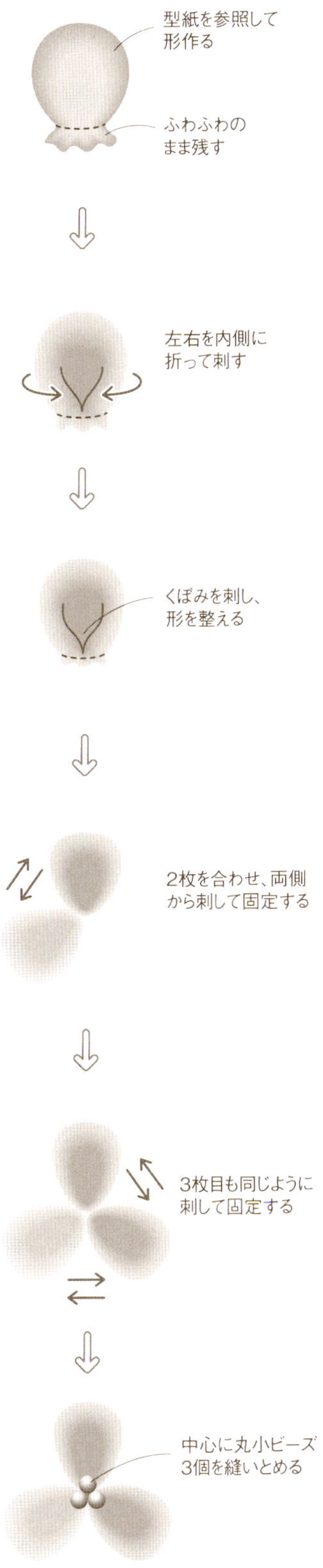

製作手順

- 型紙を参照して形作る
- ふわふわのまま残す
- ↓
- 左右を内側に折って刺す
- ↓
- くぼみを刺し、形を整える
- ↓
- 2枚を合わせ、両側から刺して固定する
- ↓
- 3枚目も同じように刺して固定する
- ↓
- 中心に丸小ビーズ3個を縫いとめる
- ＊色を変えて3個作る

ネックレス組み立て図

- 33cm
- 丸カン（中）
- 留め具
- 丸カン（小）
- 8cm / 8cm
- 丸カン（大）
- 丸カン（小）
- チェーン 45cm
- 丸カン（小）
- 丸小ビーズ
- ココア色
- モカ茶
- 水色
- 茶色
- キャメル
- 紺
- 生成りミックス
- 生成りミックス
- ボール紺
- 茶色
- ココア色

ボールに9ピンを通し、丸カン（小）でチェーンにつなぐ

[後ろ]

目打ちで穴を開けて9ピンを通し、先をU字に曲げて花びらにくいこませる

9ピン

9ピンとチェーンを丸カン（小）でつなぐ

丸カン（小）

9ピン

O-2 小さなお花のリング
（39ページの作品）

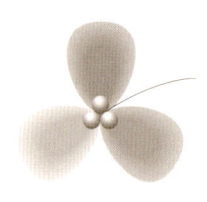

73ページを参照して花びら3枚を固定し、中心に丸小ビーズを縫いとめる

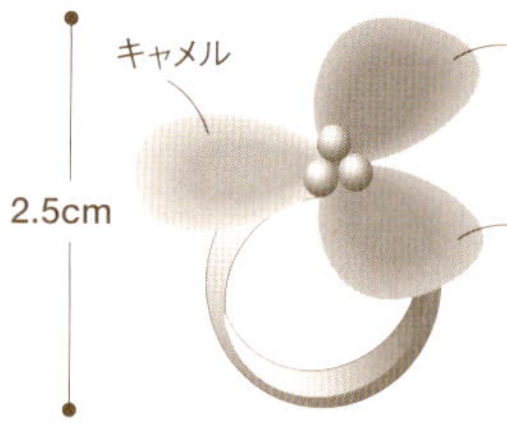

2.5cm

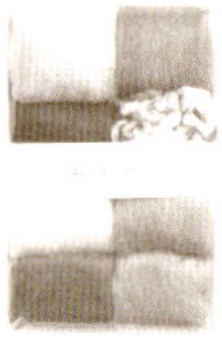

キャメル
茶色
ココア色

リング台に花を縫いとめる

用意するもの
- ウールキャンディ　アンティークブラウン（H441-121-3）
- 丸小ビーズ＝茶色 3個
- シャワー付きリング台＝1個

Point
37ページを参照して花びらを作り、リング台に縫いとめます。パーツが小さいので、指先で押さえながら少しずつ丁寧に刺しましょう。

実物大型紙

花びら　ふわふわのまま

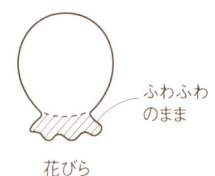

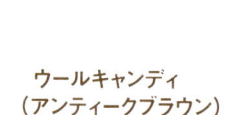

各少量
茶色・キャメル・ココア色
各1個
（厚み0.4cm）

ウールキャンディ（アンティークブラウン）

茶色　キャメル　ココア色

M-2 3枚の花びらのコサージュ
（38ページの作品）

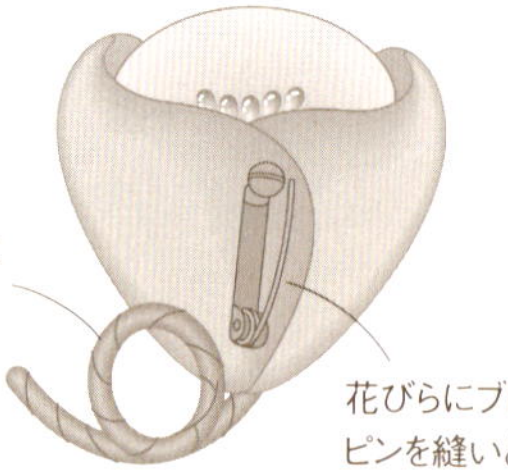

丸く巻き、好みの長さにカットする

花びらにブローチピンを縫いとめる

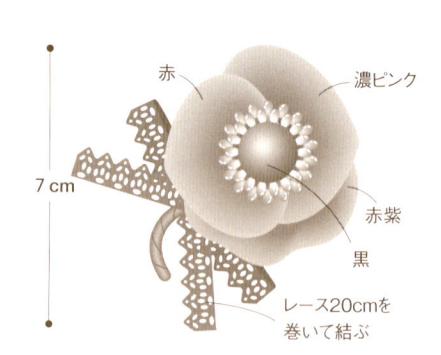

7cm

赤　濃ピンク
赤紫
黒

レース20cmを巻いて結ぶ

用意するもの
- ウールキャンディ　ジュエルピンク（H441-121-1）
- ウールキャンディ　ダークグレイッシュ（H441-120-5）
- 0.8cm幅のレース＝黒 20cm
- 1cm幅の布テープ＝適量
- 紙巻きワイヤー＝22.5cm
- フラワーペップ＝黒 30本
- 2.5cm幅のブローチピン＝1個
- 縫い糸　・ボンド

Point
37ページを参照して花びらを作り、40ページを参照してまとめます。花びらは全体が均一な厚みになるように、まんべんなく丁寧に刺しましょう。

実物大型紙

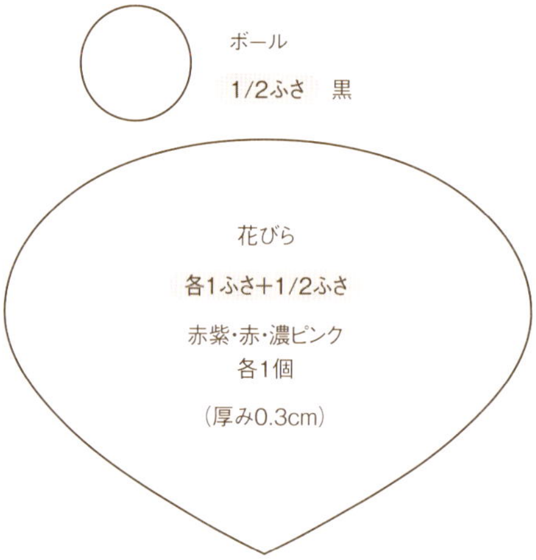

ボール
1/2ふさ　黒

花びら
各1ふさ＋1/2ふさ
赤紫・赤・濃ピンク
各1個
（厚み0.3cm）

ウールキャンディ（ジュエルピンク）

赤紫
濃ピンク
赤

ウールキャンディ（ダークグレイッシュ）

黒

R なかよしともだち
（46ページの作品）

用意するもの
共通
- ウールキャンディ ペールセレクション (H441-122-2)
- 0.3cm幅のサテンリボン＝白各6cm
- 刺しゅう糸(こげ茶、赤)
- ボンド

2
- 1cm幅のレース＝生成り8cm
- 刺しゅう糸(水色)

3
- 布＝白少量

4
- 刺しゅう糸(うす茶)

5
- 0.5cm幅のレース＝生成り8cm

Point
45ページを参照してベースを作り、47ページを参照して形作ります。刺しゅうの仕方は49ページ参照。

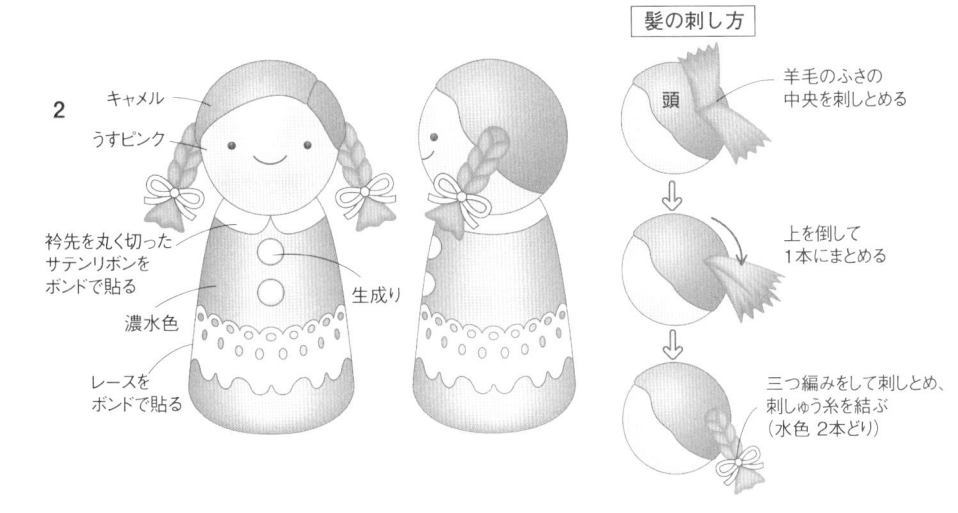

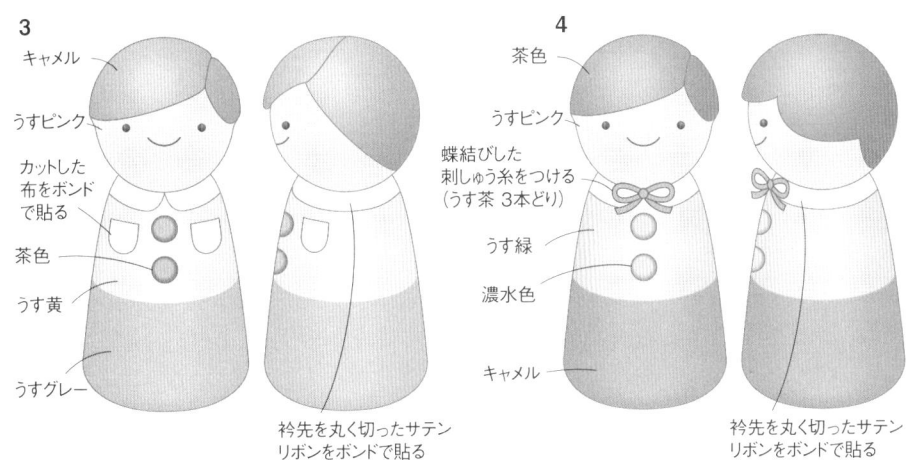

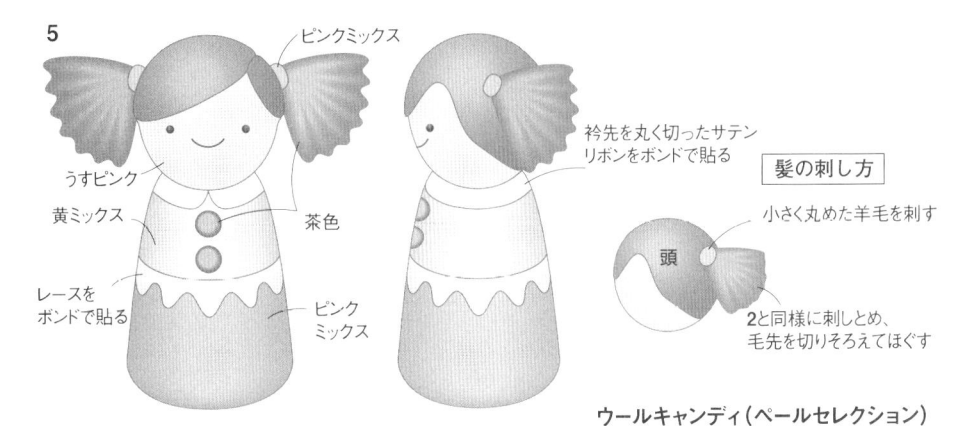

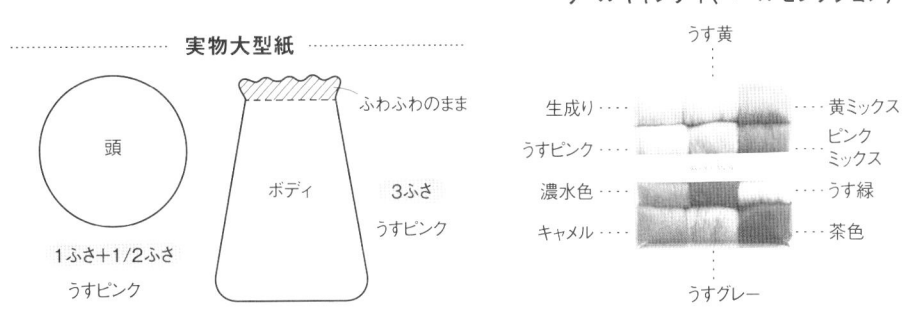

髪の刺し方
- 羊毛のふさの中央を刺しとめる
- 上を倒して1本にまとめる
- 三つ編みをして刺しとめ、刺しゅう糸を結ぶ（水色 2本どり）

2
- キャメル
- うすピンク
- 衿先を丸く切ったサテンリボンをボンドで貼る
- 濃水色
- 生成り
- レースをボンドで貼る

3
- キャメル
- うすピンク
- カットした布をボンドで貼る
- 茶色
- うす黄
- うすグレー
- 衿先を丸く切ったサテンリボンをボンドで貼る

4
- 茶色
- うすピンク
- 蝶結びした刺しゅう糸をつける（うす茶 3本どり）
- うす緑
- 濃水色
- キャメル
- 衿先を丸く切ったサテンリボンをボンドで貼る

5
- ピンクミックス
- うすピンク
- 黄ミックス
- 茶色
- レースをボンドで貼る
- ピンクミックス
- 衿先を丸く切ったサテンリボンをボンドで貼る

髪の刺し方
- 小さく丸めた羊毛を刺す
- 2と同様に刺しとめ、毛先を切りそろえてほぐす

実物大型紙
- 頭：1ふさ＋1/2ふさ うすピンク
- ボディ：ふわふわのまま、3ふさ うすピンク

ウールキャンディ(ペールセレクション)
- うす黄
- 生成り
- 黄ミックス
- うすピンク
- ピンクミックス
- 濃水色
- うす緑
- キャメル
- 茶色
- うすグレー

こぐまの飛行練習
(52ページの作品)

用意するもの
・ウールキャンディ ペールセレクション (H441-I22-2)
・ニードルわたわた 生成り (H440-003-310)
・0.3cm幅のサテンリボン＝茶色 10cm
・刺しゅう糸（こげ茶、うす茶）
・縫い糸 ・ボンド

Point
55ページを参照してベースを作り、角度をつけて各パーツとジョイントし、顔を刺しゅうします。バランスを見て羊毛を巻き足し、全体のフォルムをなめらかに仕上げましょう。頭芯・ボディ芯・腕・足・しっぽは、うさぎと同じ型紙(58ページ参照)です。

ウールキャンディ（ペールセレクション）
濃水色……
キャメル……

帽子を作る
AとBを別々に作り、ジョイントする 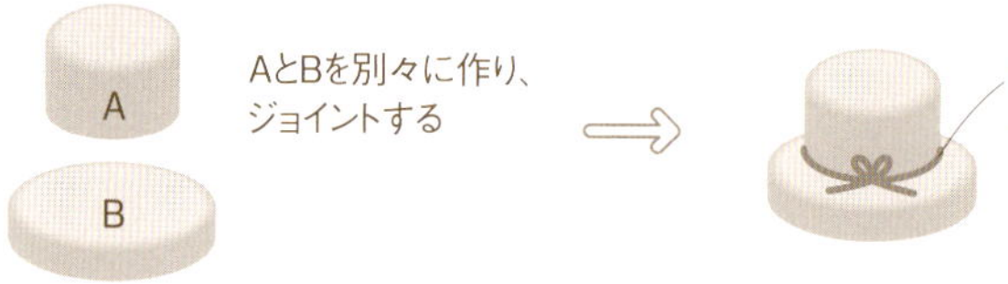
→ 刺しゅう糸3本を巻いて結ぶ（うす茶 3本どり）

まとめ
- 帽子は少し斜めに刺しとめる
- 頭は上向きに傾けてジョイント
- サテンリボン10cmを蝶結びして縫いとめる
- 腕は後ろにそらせてジョイント
- 足は前に傾けてジョイント

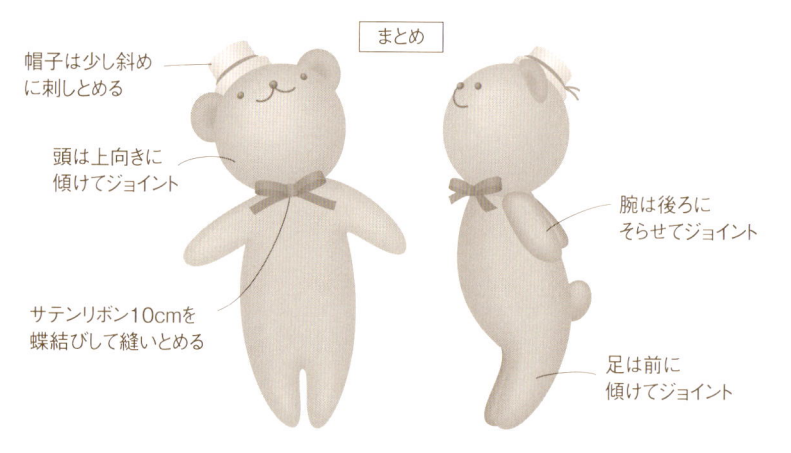

顔の刺しゅう
目…フレンチノットステッチ（こげ茶 2本どり・2回巻き）
鼻…フレンチノットステッチ（こげ茶 2本どり・3回巻き）
口…ストレートステッチ（こげ茶 1本）

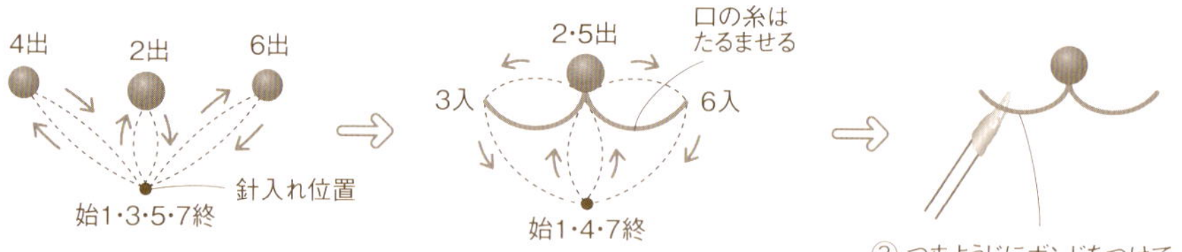

4出 2出 6出
針入れ位置
始1・3・5・7終
① 目と鼻を刺しゅうする

2・5出
口の糸はたるませる
3入　6入
始1・4・7終
② 口を刺しゅうする

③ つまようじにボンドをつけて口のカーブを固定する

実物大型紙
耳 2個 少量 キャメル（厚み 0.3cm）
ふわふわのまま

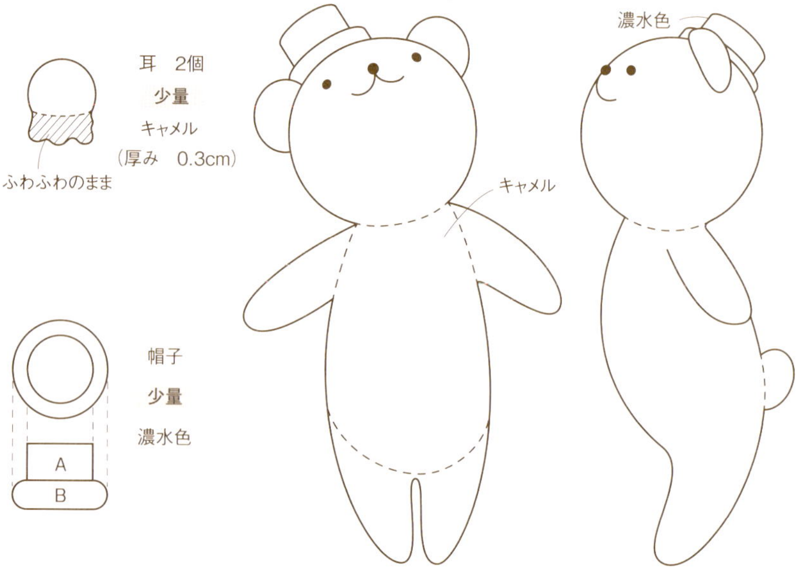

帽子 少量 濃水色
A
B

キャメル
濃水色
＊帽子以外、すべてキャメル

こぶた 顔の刺しゅう
目…フレンチノットステッチ（こげ茶 2本どり・2回巻き）
鼻・口…ストレートステッチ（うす茶 1本）

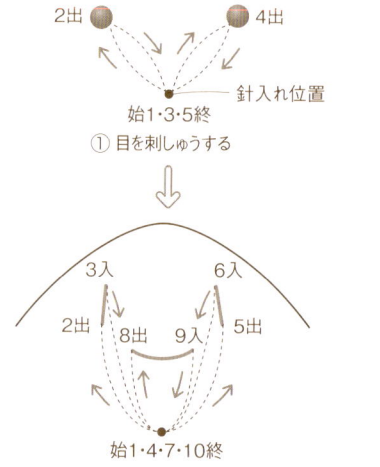

2出　4出
針入れ位置
始1・3・5終
① 目を刺しゅうする

3入　6入
2出　5出
8出　9入
始1・4・7・10終
② 鼻と口を刺しゅうする

w おでかけこぶた
(54ページの作品)

用意するもの
・ウールキャンディ ペールセレクション
　(H441-122-2)
・ニードルわたわた 生成り
　(H440-003-310)
・0.6cm幅のサテンリボン＝生成り 8cm
・0.3cm幅のサテンリボン＝こげ茶 10cm
・刺しゅう糸（こげ茶、うす茶）
・つまようじ ・縫い糸 ・ボンド

Point
55ページを参照してベースを作り、各パーツとジョイントし、顔を刺しゅうします。腕のジョイントでベースの羊毛が出てきた場合は、洋服の羊毛を上から刺しつけます。バランスを見て羊毛を巻き足し、全体のフォルムをなめらかに仕上げましょう。頭芯・ボディ芯・腕・足は、うさぎと同じ型紙（58ページ参照）です。

ウールキャンディ（ペールセレクション）
うすピンク
濃水色
黄ミックス
ピンクミックス

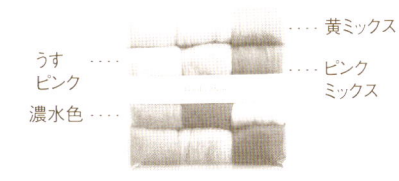

洋服を刺す
① ベースにうすピンクを巻いて刺す
② 服用の羊毛を巻いて刺す
2cm
腕は型紙（58ページ）より少し短めに作り、服用の羊毛を巻いて刺す

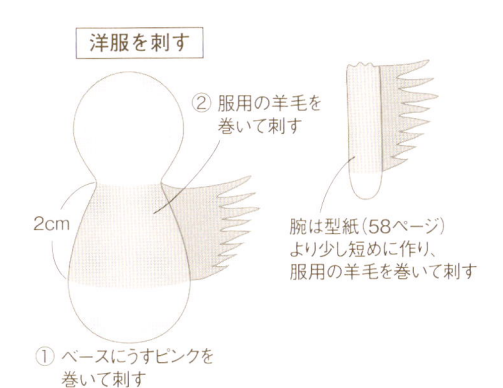

鼻をつける
鼻を大まかに刺しとめる
しっかり刺して上に溝をつける
鼻が前にせり出すように整えて刺す

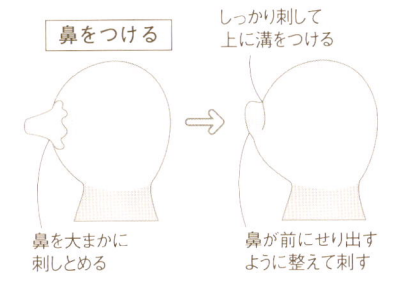

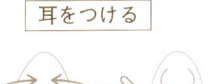

耳をつける
両端を内側に折り、丸みをつけて刺す 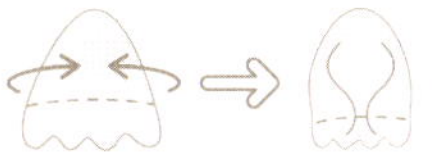

帽子を作る
76ページを参照して形作る

腕・足をつける
＜左腕＞　＜右腕＞
前　　　　前
角度をつけて、腕・足をジョイントする

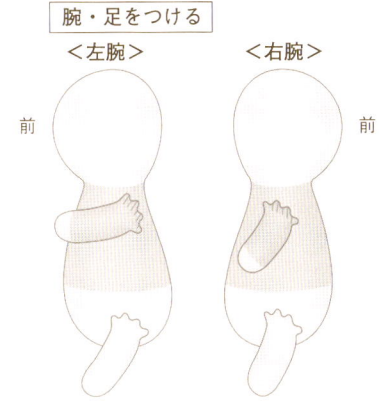

まとめ
帽子を刺しとめる
荷物の棒を腕にはさんで縫いとめる
端を丸く切ったサテンリボン（生成り）にボンドをつけて巻く
サテンリボン（こげ茶）を結んで縫いとめる

実物大型紙

▨＝ふわふわのまま残す部分

耳 2個　少量　うすピンク（厚み0.3cm）

鼻　少量　うすピンク（厚み0.5cm）

小さくまとめて刺しとめる

荷物　1ふさ+少量　濃水色

目打ちで穴を開け、適度な長さに切ったつまようじにボンドをつけて差し込む

帽子　少量　ピンクミックス

ピンクミックス
うすピンク
黄ミックス
うすピンク

U こぐまの飛行練習・ひよこ
（52ページの作品）

羽をつける

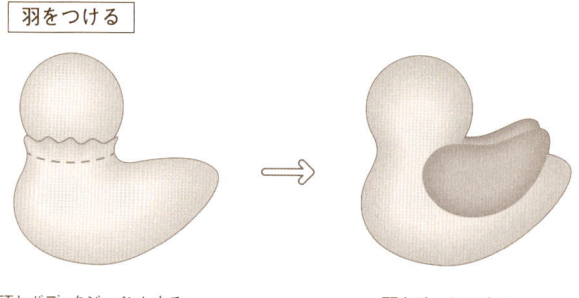

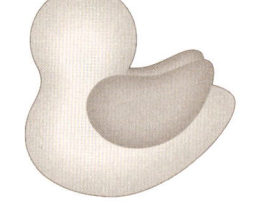

頭とボディをジョイントする → 羽をジョイントする（反対側も同様）

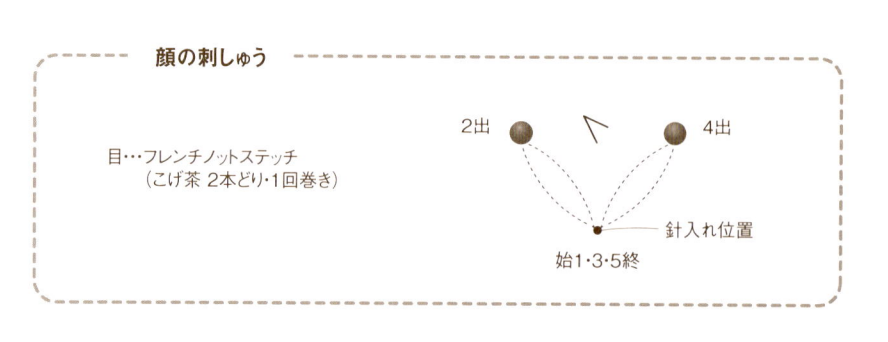

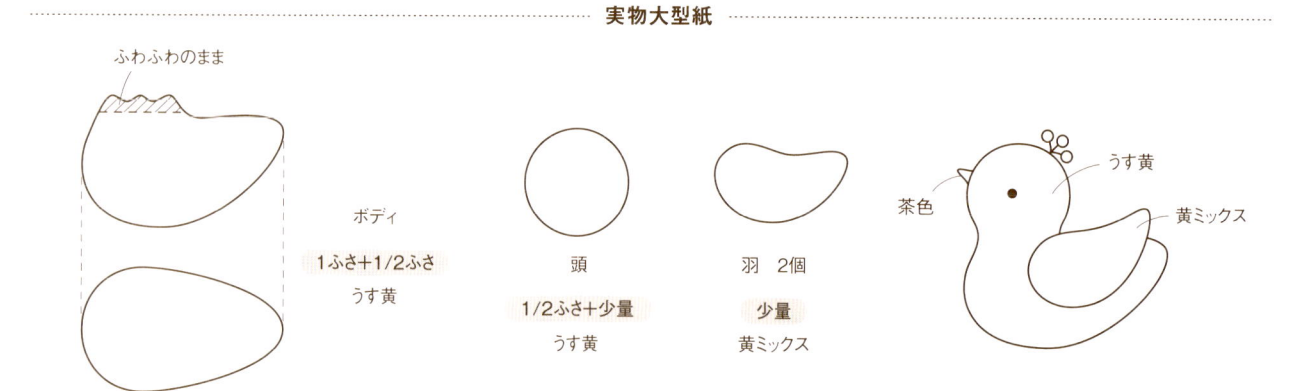

用意するもの
- ウールキャンディ ペールセレクション（H441-122-2）
- 丸小ビーズ＝クリア 3個
- 刺しゅう糸（こげ茶）
- ワイヤー＝ゴールド 5cm

Point
頭、ボディ、羽を作ってジョイントし、顔を刺しゅうします。バランスを見て羊毛を巻き足し、全体のフォルムをなめらかに仕上げましょう。小さな作品なので、ニードルわたわたは使用していません。

まとめ

頭に目打ちで穴を開け、飾りを差し込む

くちばしは少量の羊毛を小さくまとめて刺す

飾り

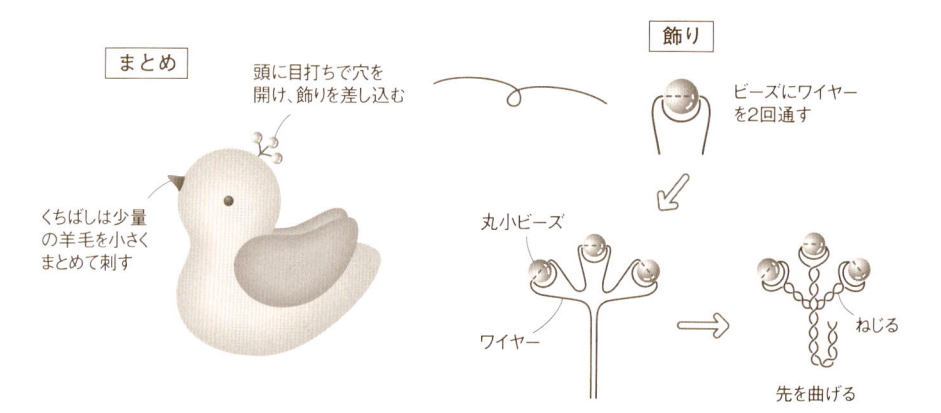

ビーズにワイヤーを2回通す

丸小ビーズ

ワイヤー

→ ねじる / 先を曲げる

ウールキャンディ（ペールセレクション）
- うす黄
- 黄ミックス
- 茶色

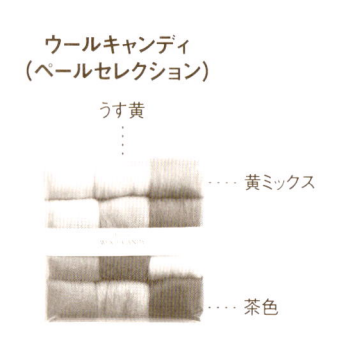

顔の刺しゅう
目…フレンチノットステッチ（こげ茶 2本どり・1回巻き）

2出　4出
針入れ位置
始1・3・5終

実物大型紙

ふわふわのまま

ボディ　1ふさ+1/2ふさ　うす黄

頭　1/2ふさ+少量　うす黄

羽 2個　少量　黄ミックス

茶色　うす黄　黄ミックス

V 赤ちゃんぞうのボール遊び
(53ページの作品)

用意するもの
- ウールキャンディ ペールセレクション
  (H441-122-2)
- ニードルわたわた 生成り
  (H440-003-310)
- 0.3cm幅のサテンリボン＝水色 10cm
- 刺しゅう糸（こげ茶）
- 縫い糸
- ボンド

Point
55ページを参照してベースを作り、各パーツとジョイントし、顔を刺しゅうします。バランスを見て羊毛を巻き足し、全体のフォルムをなめらかに仕上げましょう。腕・足は太めに補正すると、ぞうのかわいらしさが出ます。頭芯・ボディ芯・腕・足は、うさぎと同じ型紙(58ページ参照)です。

ウールキャンディ（ペールセレクション）
- うす黄
- ピンクミックス
- 濃水色
- うすグレー

鼻・耳をつける
鼻を大まかにジョイントする → 上向きに刺して固定し、根元に少量の羊毛を刺す → 耳は浮かせるように根元だけジョイント

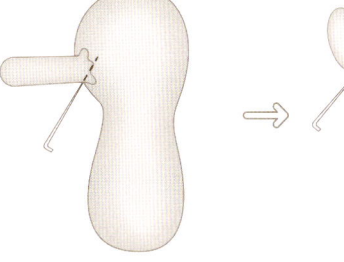

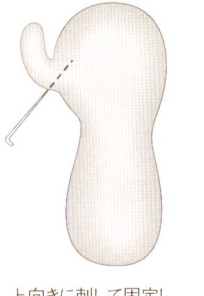

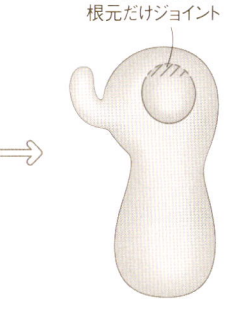

まとめ
- サテンリボン10cmを蝶結びして縫いとめる
- 腕・足は前に向けてジョイント
- 下は座りがいいように平らに整える

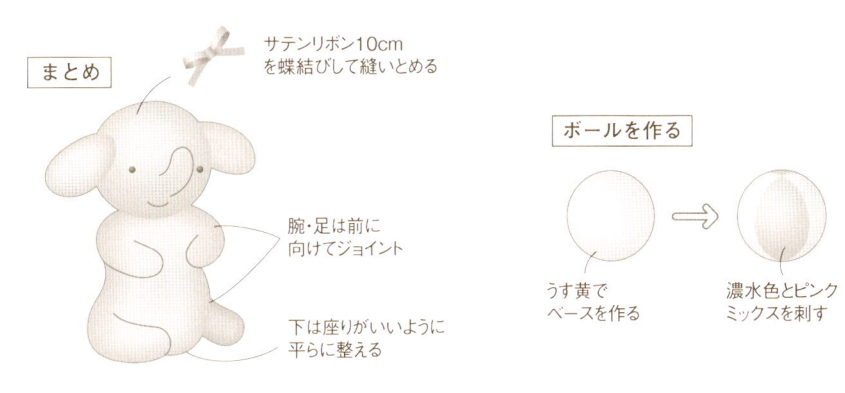

ボールを作る
うす黄でベースを作る → 濃水色とピンクミックスを刺す

顔の刺しゅう

目…フレンチノットステッチ
（こげ茶 2本どり・2回巻き）

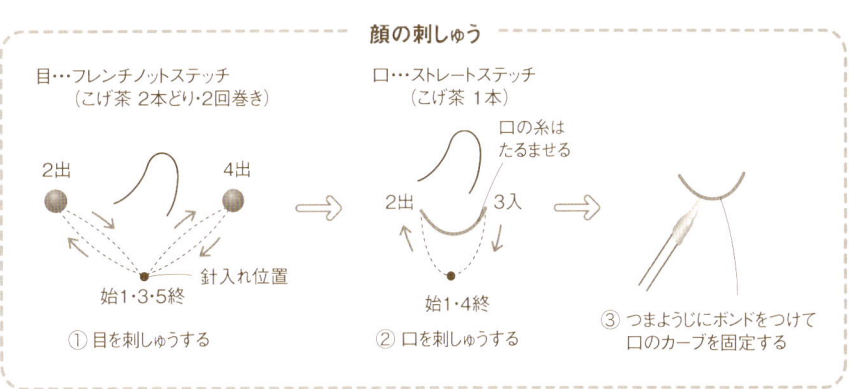

2出　4出
針入れ位置
始1・3・5終

① 目を刺しゅうする

口…ストレートステッチ
（こげ茶 1本）

口の糸はたるませる
2出　3入
始1・4終

② 口を刺しゅうする

③ つまようじにボンドをつけて口のカーブを固定する

実物大型紙

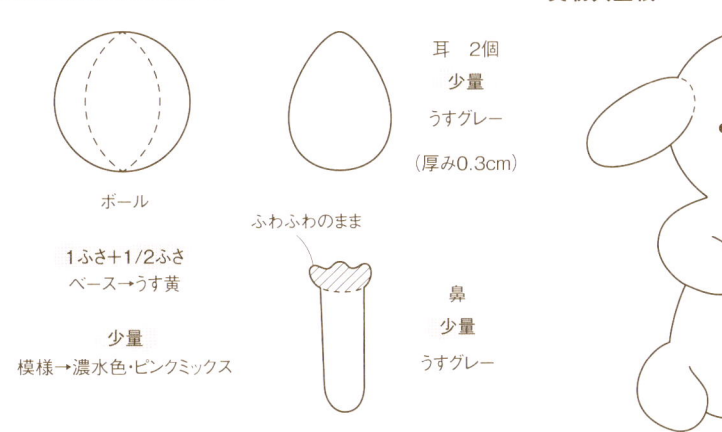

- ボール
  1ふさ+1/2ふさ
  ベース→うす黄
  少量
  模様→濃水色・ピンクミックス

- 耳 2個
  少量
  うすグレー
  （厚み0.3cm）
  ふわふわのまま

- 鼻
  少量
  うすグレー

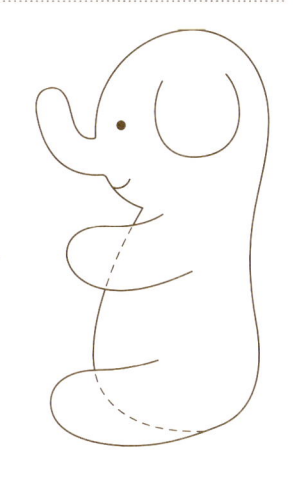

すべてうすグレー

Profile

maco maako （脇坂雅子）

京都市在住。嵯峨美術短期大学卒業。
グラフィックデザインの仕事に携わる中で、羊毛フェルトに出合い、作品製作を始める。羊毛フェルトを通して、日常の中で「作る楽しみ」を感じてもらえたらいいなと思いながら、書籍や商品企画に作品を提供するなどの活動をしている。

http://macomaako.com

Staff

撮影：渡辺淑克　鈴木信雄(プロセス)
スタイリング：田中まき子
ブックデザイン：平木千草
トレース：日野堅治
編集協力：吉田晶子
編集：太田麻衣子
ディレクション：秋間三枝子

ステップ式！
羊毛フェルトの基礎 BOOK

発行日：2011年7月24日　第1刷
　　　　2017年8月26日　第9刷
発行人：瀬戸信昭
編集人：森岡圭介
発行所：株式会社日本ヴォーグ社
　　〒164-8705　東京都中野区弥生町5-6-11
　　TEL／販売　03-3383-0628　編集　03-3383-0635
　　出版受注センター／TEL　03-3383-0650
　　　　　　　　　　　　FAX　03-3383-0680
　　振替／00170-4-9877

印刷所：株式会社東京印書館
Printed in Japan © N.Seto 2011
ISBN 978-4-529-04971-9　C5077

あなたに感謝しております
We are grateful.

手づくりの大好きなあなたが、この本をお選びくださいましてありがとうございます。
内容はいかがでしたか？
本書が少しでもお役に立てば、こんなにうれしいことはありません。

日本ヴォーグ社では、手づくりを愛する方とのおつき合いを大切にし、ご要望にお応えする商品、サービスの実現を常に目標としています。
小社および出版物について、何かお気づきの点や意見がございましたら、何なりとお申し出ください。そういうあなたに、私共は感謝しています。

株式会社日本ヴォーグ社 社長　瀬戸信昭　（FAX 03-3383-0602）

※本書の複写にかかる複製、上映、譲渡、公衆送信(送信可能化を含む)の各権利は株式会社 日本ヴォーグ社が管理の委託を受けています。

※ JCOPY 〈(社)出版者著作権管理機構 委託出版物〉
本書の無断複写は著作権法上での例外を除き禁じられています。
複写される場合は、そのつど事前に、(社)出版者著作権管理機構
（電話 03-3513-6969、FAX 03-3513-6979、e-mail: info@jcopy.or.jp）
の許諾を得てください。

※万一、乱丁本、落丁本がありましたら、お取り替えいたします。
お買い求めの書店か、小社販売部へお申し出ください。

※印刷のため、作品の色は実際と多少異なる場合があります。ご了承ください。

日本ヴォーグ社関連情報はこちら
（出版、通信販売、通信講座、スクール・レッスン）

http://www.tezukuritown.com/　　手づくりタウン　検索